두 번째 시집
시, 그리고 기도
Poetry, and Prayer

시, 그리고 기도
Poetry, and Prayer

초판 1쇄 발행 2024년 06월 17일

지은이	김덕겸
펴낸이	김낙운

펴낸곳	도서출판 서비
출판등록	제25100-2016-000007호
주소	서울특별시 강남구 언주로 136길 31, 401호
전화	02-790-2212
팩스	02-790-2213
전자우편	sb-books@naver.com

ISBN 979-11-957878-4-5

책값은 뒤표지에 있습니다. 잘못된 책은 바꾸어드립니다.

Poetry, and Prayer
시, 그리고 기도

두 번째 시집

靈川영천 김 더 겸

서 문

  시인으로 등단하여 쉬 임 없이 기도시를 쓰는 기쁨은 매일 옹달샘에서 새로운 물을 퍼내는 느낌이다. 저의 시는 문학적인 시라기 보다는 말씀과 삶을 통하여 우려내는 기도시이다. 어쩌면 문학적인 시를 찾는 이들에게는 다소 길고 지루하게 느껴질 수도 있겠다는 생각이 들기는 한다.

  다윗이 매일 매일 삶의 현장에서 하나님과 동행하며 자신의 신앙을 시로 표현한 것을 생각하면서 흉내 내듯이 기도를 써내려간다. 감사한 것은 매일매일 삶의 현장에서 혹은 목회자로서 말씀을 묵상하고 전달하면서 주시는 성령님의 감동을 주신다는 것이다. 성령님의 감동 없이는 제목 하나 정할 수 없음을 솔직하게 고백한다. 보고 듣고 경험하는 모든 순간들 속에서 성령님께서 시적 감동을 주셔서 기도시를 쓸 수 있음을 고백하지 않을 수 없다.

감동을 주시는 대로 우려내듯 시를 썼고 때로는 제 자신이 친히 낭송하여 지인들과 나누기도 하면서 기도 시는 이제 소통과 메시지 전달의 훌륭한 통로가 되었다. 기도시를 통하여 많은 분들이 치유와 회복을 경험한다는 기쁜 소식을 많이 듣는다. 이는 한 영혼이라도 치유하고 세우시려는 하나님 아버지의 강렬한 사랑과 은혜의 결과임을 알고 감사할 따름이다.

이번 제2권에서도 목회하는 시인으로 하나님 아버지의 마음을 담아 표현하려하였고, 성도의 존귀함과 가치를 표현하고자 하였다.
바라기는 기도 시 들을 통하여 하나님 아버지의 마음을 알고 경험하며 존귀한 하나님의 자녀들로써 하나님의 예비하신 은혜와 복을 누리고 흘려보낼 수 있기를 바라는 마음이다.

영천/靈川 김덕겸

추 천 사

할렐루야!

먼저 김덕겸 목사님의 주옥같은 시들을 모아 시집으로 발간하게 된 것을 감사한 마음으로 축하합니다. 이 시들은 그냥 일반적인 시들이 아니라 주제마다 지성, 인성, 덕성, 영성이 각각 자연스럽게 묻어나고 가슴이 뛸 정도로 생동감이 넘치며 생각들을 호강케 하는 쉼이 있는 시들입니다. 저는 아주 기쁜 마음으로 이 시집을 학부생, 대학원생, 평신도, 목회자, 신학자, 선교사 등 어떤 분들이든지 자신 있게 추천하여 드립니다.

김덕겸 목사님은 열정의 사람입니다. 그는 주님도 뜨겁게 사랑하며, 교회도 뜨겁게 사랑하며, 모든 이들을 뜨겁게 사랑하는 사람입니다. 김목사님은 그가 열정적인 사랑하는 대상들을 위해서라면 죽을 수도 있다는 각오를 가지고 사는 사람입니다. 그 열정적인 사랑이 이 시들에 담겨있습니다.

교회를 위한 죽음이 목적이 되는 목회자, 교회를 향한 죽음을 목표로 삼는 직분 자가 함께 있는 곳에는 주도권을 위한 싸움이 있을 수 없습니다. 그곳에서는 한 알의 밀이 땅에 떨어져 죽지 아니하면 한 알 그대로 있고 떨어져 죽으면 많은 열매를 맺는다는 예수님의 말씀이 이루어집니다. 그의 시를 읽으면서 우리 모두가 그로부터 이러한 열정을 배우고 그 열정을 갖고 살 수 있기를 바랍니다.

김 목사님은 천재적인 시인입니다. 김 목사님의 시를 읽다 보면 칼럼 한 편을 읽는 것 같습니다. 그의 시는 쉽고 단순하지만, 마음속 깊은 곳에 와 닿습니다. 이 시를 읽는 독자들은 이 시집에서 생활을 풍요롭게 하는 진리들을 쉽게 배우고 적용할 수 있게 될 것입니다. 샬롬!

한영훈 목사
서울한영대학교 총장

추 천 사

　조선의 역사가 소용돌이로 암울했던 혼돈의 1901년에 태어나 일제강점기 중 33세까지 전국적으로 생명의 복음을 전하고 신유의 사역을 하였던 이용도 목사님이 있었다. 그는 신앙적인 믿음의 문학을 통해 아동문학, 수필, 기도와 시를 노트에 썼고 하나님과 영적인 소통을 하면서 간도에서부터 경상도까지 초청을 하면 달려가 일주일씩 복음을 전하는 사역을 하였던 당시 최고의 부흥사였다.

　이처럼 현대에도 문학성이 뛰어나고 하늘의 영성으로 치유사역을 하면서 시와 기도를 통해 영적인 흐름에 집중 조명을 받고 있는 시인 영천 김덕겸 목사님이 있다. 그는 미학적으로 감성을 가지고 가치와 의미를 담고 문학작품을 빚어내고 있다. 이용도 목사가 걸었던 뛰어난 시상과 영성처럼 영천도 시인목사로서 문학적 재능을 마음껏 발휘하고 있다. 그는 처음부터 기도시를 준비하면서 수준 높은 시를 엄선하고 투고하여 창조문학에서 우수한 작품으로 등단하였고 오늘의 처녀작을 출판하는 쾌거를 이루었다.

이용도 목사님은 "기도는 곧 시, 신앙이 깊으면 그의 모든 말이 다 시"라고 강단에서 선포할 정도로 예술과 신앙의 조화를 이루었던 대표적인 한국교회 역사에 중요한 인물이었다. 필자가 만난 김덕겸 목사님도 신앙과 예술성이 탁월한 목회자이자 시인이다. 나무, 흙, 바람, 바다, 강, 자연의 주제를 가지고 시를 쓰면서 천국과 영생 그리고 믿음의 전진을 위하여 기도를 담아 영혼을 울리는 영성기도를 발표하고 있다.

영천의 시 세계는 지치고 상처 받아 힘들어 하는 크리스천들에게 하늘의 은혜와 십자가 능력을 통하여 회복과 치유의 역사를 지금도 쓰고 있다. 하나님이 창조하신 지구촌 아름다운 세상을 위하여 저자 영천 김덕겸 목사님의 꿈과 비전은 소망이 있으며 기독교 문학에 크게 공헌하고 있으므로 찬사와 격려를 보낸다.

김덕겸 목사님의 말과 글은 언제나 먼 땅에서 오는 좋은 기별이자 목마른 사람에게 시원한 냉수와 같은 감동이 있다. 물고기는 물에서 살아야 행복하고 나무는 땅에 뿌리를 내려야 행복하듯이 하나님을 떠난 모든 인간이 진정한 행복을 갈망하고 추구하지만 스스로의 힘으로는 다다를 수가 없다. 신작 영혼을 살리는 깊이 있는 시와 기도는 독자들을 주님 안에서 누리는 행복으로 초대한다.

따라서 본서는 단순한 시집으로 끝나는 것이 아니다. 방황하고 있는 인생들에게 참 행복의 길을 제시하고 있다. 삶의 방향을 잃어버리고 불행의 늪에서 헤어 나오지 못하는 사람들에게 길잡이가 되어 줄 것이며, 기독인과 일반인들에게는 참된 영적인 행복의 길로 안내해 줄 것이다. 독자들이 『시 그리고 기도』를 애독할 때마다 삶에서 흐르고 있는 막연한 행복의 개념이 아니라 위에서 내려오는 구체적인 하늘 행복의 꽃이 되기를 기대한다. 영천의 작품에는 영적인 기도와 문학적 감성이 더해져 읽을 때마다 행복의 주인공이 될 것이다.

허물과 죄 그리고 환경적인 각종 억압의 눌림에서 예수 그리스도의 생명으로 인하여 자유의 누림을 흠뻑 향취 하는 하늘 삶을 위해 시인 영천 김덕겸 목사님의 책을 일독하기를 추천한다.!

시인작가 최선 박사
OCU대학교 겸임교수

추 천 사

시는 시요 기도는 기도이다 허나 한걸음
더 나아가 생각하면 시는 기도요 기도가 시다

누구의 시 속에도 간절한 소원이
스며있고 바램이 서려있음을
그리고 온전함을 기원 한다

그러기에 이 둘은 마치 기도신랑
시신부로 볼 수도 있겠고 미학적 관점에서 보더라도
시적 기도는 아름답다

시편에서 다윗의 기도는 애끓는
시로 승화하고 가슴을 울린다.

김시인 목사님 작품에서 기도시
그 간절함과 신앙을 만나게 된다

인생은 짧고 시는 길다 길고 긴
시의 길에서 찬란한 하늘의 빛
받아 영광넘치기를 바랍니다

산샘 박 재 천
목사, 전)명지대학교 교목, 문인교회 담임

인사말
추천사

담을 넘는 축복
15

예비 된 엘림
49

비포장도로
79

영혼의 단풍
111

마음의 가로등
147

겨울에 마시는 냉수
179

1

담을 넘는 축복

모세의 지팡이
대한민국
쉼표(셀라)
나그네
자격
주심(主審)
착각(錯角)
갈등(葛藤)
자아갈등(自我葛藤)
너는
담을 넘는 축복
나이테
여백(餘白)
유월(六月)을 보내며
보게 하소서

모세의 지팡이

장래가 촉망되는 애굽의 왕자 모세,
그러나 혈기왕성하여 애굽 사람을 죽인
살인 자 모세.
애굽을 떠나 미디안 광야에서
양을 치던 양치기, 도망자 모세.

어느 날 미디안 광야
떨기나무에 하나님께서 그를 찾아오셨다.
두려움에 빠져 숨어있는 도망 자 모세에게
그의 민족을 구원하기 위하여 그를
보내시겠다는 하나님의 음성이었다.

살인자요 도망자로
사십년을 광야에서 늙은 팔십세 모세는
얼마나 당황 하였을까?
그에게는 양몰이와
그의 늙은 몸을 의지할 지팡이 뿐이었다.

하나님은 모세의 손에 들려진
미천한 나무 지팡이를
귀하고 능력 있게 바꾸어 사용하셨다.

그의 지팡이로,
그의 부끄러운 과거를 덮어주셨다.
그의 약점을 능력으로 바꾸어 주셨다.
그와 함께 하심을 확실히 증명해 보이셨다.
그가 하나님의 손에 붙들려 있음을 보게 하셨고
하나님의 크신 역사를 이루게 하셨다.

주님,
내게 있는 어떤 것도 선으로 바꾸어
사용하심을 믿고 담대히 드리게 하소서.
나의 약함을 부끄러워 말게 하소서.
주님이 하시면 하십니다.

Poetry, and Prayer　　　- 모세의 지팡이를 생각하며 71번째 시

대한민국

극동의 작은 나라,
삼면이 바다로 둘러싸여, 대대로 가난을
물려받듯 어렵고 비천한 나라 대한민국,
크고 넓은 강대국사이에 끼어, 수 없이
침입 당하고 억울하게 설움 받던 나라,
대한민국.

이 땅에,
하나님의 은혜와 축복의 빛이 비쳐왔다.
일본 제국주의자들을 통해 나라를 빼앗기고
좌절과 고통의 눈물로 살던 이 땅위에,
동족상잔의 비극 육이오 전쟁을 통하여
온 나라가 폐허되고 가족이 흩어지고
황폐한 흑암의 나라 이 땅 위에,
햇빛보다 강렬한
하나님의 은혜와 축복의 빛이 비쳐왔다.

무지하고 어리석어 대대로 조상을 숭배하고
산마다 마을마다 수많은 우상을 세우고
희망처럼 숭배하던 미신의 나라에…

준비해 놓으신 서양의 선교사들을 통하여
생명의 복음이 전파되었고,
방방곡곡 마을마다 교회들을 세워
민족구원의 역사를 시작하셨다.
이제는 대한민국을 넘어
오대양 육대주 모든 열방과 족속을 향하여
복음의 나팔수로 세계 선교의 선봉에 세우셨다.

배고픔과 가난의 설움 속에 살던 비천한
나라를, 세계의 거대한 나라들과 어깨를
나란히 하는 경제 대국이 되게 하셨다.

그러나,
이 땅에 아직도 생명의 복음을
배척하는 불신의 영들이 역사하고 있다.
주여,
이 땅 모든 백성들이
생명의 주 예수 그리스도를 영접하고
주께로 돌아오는 민족 복음화를 이루소서.
이 땅 모든 백성들이 하나님을 아버지로
경외하고 예배하는 그 날이 오게 하소서.

그러나,
저 북녘 땅에는 하나님을 무시하고
생명의 복음을 배척하는 어둠 속에서
고통 받고 절망 가운데 살아가는
우리의 동족들이 있다.
주여,
하나님을 배반하고 생명의 복음을 배척하는
어둠의 북녘 땅 마을마다 동족의 마음마다
생명의 빛 비춰 주소서.

오천만 우리 민족이
손에 손잡고 하나님을 예배하고
한 목소리로 찬양하는
복음 통일의 날이 오게 하소서.

주여,
순교자들의 보배로운 피가 흐르는
삼천리 반도 금수강산에
복음의 메아리가 항상 울려 퍼지게 하소서.
하나님의 은혜와 축복의 강물이
백두에서 한라까지 방방곡곡 흐르게 하소서.

주여,
이 땅에 하나님의 공의와 공법이
항상 강물같이 흐르게 하소서.
주님의 촛대를 이곳에 항상 세우소서.
복음의 제사장 나라 되게 하소서.
주님 다시 오실 때 까지...

Poetry, and Prayer

- 현충일에 72번째 시

쉼표 (셀라)

그 누가 인생의 만사형통을 말하였는가?
그 누가 인생을
파도 없는 잔잔한 바다라 하였는가?
그 누가 인생을 돌 없는 밭이라 하였는가?
그 누가 인생을 사막 없는 공원이라 하였는가?

갑자기 밀어닥친 거대한 고난의 파도 앞에서,
실타래처럼 이리저리 엉킨 복잡한 문제 앞에서,
메마른 땅 위에 불어오는 사막의
모래바람 같은 막막함 앞에서,
내 뱉는 그대의 한숨을 그 누가 알겠는가?

창조주의 손길은 세밀하고 다양하도다.
그 분의 깊은 뜻을 어찌 알리요.

이제, 그대의 한 숨을
하나님께서 주신 쉼표로 바꿔 보시구려.
막막하고 힘들더라도 마침표가 아니라고…
다양한 쉼표로,
노래하는 이의 성대를 보호하듯
그대의 유익을 위한 쉼표일 수 있다오.

주님,
다가온 거대한 고난의 골리앗 앞에서,
잠시 쉬고 인생의 방향을 점검하고
잠시 쉬고 주님을 바라보라는,
잠시 쉬고 속도를 조절하면서
자신을 돌아보고 믿음을 점검하고,
이 세상이 아닌 영원한 천국을 바라보라는
하나님의 음성을 듣게 하소서.
쉼표는 주님의 축복입니다. 셀라!

- 고난 중의 성도들을 위하여 73번째 시

나그네

먼 길을 홀로 떠나는 나그네여,
그대의 목적지가 어디인가?
가는 길이 멀다 해도
앞만 보고 가시구려.

먼 길을 홀로 가는 나그네여,
그대의 머리 둘 곳이 어디인가?
가다가 쉴 곳 있으면
쉬었다 가시구려.

먼 길을 홀로 걷는 나그네여,
가는 길이 지치고 힘이 들면
가던 길을 잠시 멈추시구려.
잠시 쉬면 새 힘이 나리이다.

먼 길을 홀로 가는 나그네여,
가는 길이 평탄하고 쉬워도
방심하지 마시구려.
가다보면 또 다른 험지가 나온다오.

주님,
나그네 인생길을 주님만 바라보고
걸어가게 하소서.
가다가 어려우면 잠시 쉬게 하시고,
가다가 길이 막히면 돌아보게 하시고,
평탄한 길을 만나도 자만하거나
방심하지 말고 주님만 보게 하소서.

우리는 주님과 함께 걷는
천국 가는 나그네 인생입니다.

- 나그네 인생을 생각하며 74번째 시

자격

자격을 사랑하고
자격을 추구하고
자격을 요구하는 세상이라.

자격이 인격을 대신하고
자격이 관계를 대신하고
자격으로 세상을 바라보고
자격으로 사람을 사고판다.
자격을 생명같이 여기는 세상이라.

우리는 무자격자라,
아무런 자격도 능력도 없도다.
들의 돌멩이와 마른 막대기 같도다.

하나님의 은혜가 물 붓듯 부어졌으니,
우리에게 내려 주신 자격이라.
억만금을 주고도 살 수 없는 고귀한 자격.
예배 자의 자격,
하나님을 아버지라 부를 수 있는 자녀의 자격,
기도 자의 자격,
성도의 자격,

전도인의 자격,
생명의 말씀을 전할 수 있는 사역자의 자격,
창조주의 영광을 위해 살 수 있는 신령한 자격,
영원한 나라 천국시민의 자격.

주님,
자격 없는 자에게 부어주신
고귀한 자격을 평생 감사하게 하소서.
이 세상 어디서도 얻을 수 없는
천국시민의 자격을 누리며 살게 하소서.

Poetry, and Prayer

- 장례식장을 다녀오며 75번째 시

주심 (主審)

흑(黑)과 백(白)이 뒤 섞여
엉거주춤 혼돈된 세상,
흑이 백을 대신하고 백은 흑의
나락으로 떨어져 나뒹구는 세상이라.
이것이 저것 같고 저것이 이것 같고
착시도 아닌데 세상이 돌고 있다.

너도나도 어지럼증에 빠져
비틀거리는 세상이라.
어른도 아이도 남자도 여자도,
여기저기 비틀거리는 세상이라.
노아의 때보다 소돔과 고모라 성보다
나을 것이 없는 세상이라.

혼돈 속에 사는 불쌍한 영혼들을 위하여
창조주께서 정확하고 분명한
영혼의 내비게이션을 달아 주셨다.
영원히 실수도 변함도 없는 생명의 말씀이라.

말씀대로 사는 천국백성들이여,
어떤 일이 있어도 어디에서도
생명의 말씀 따라 살아가구려.

때로는 손해 보고 때로는 조롱당하고,
때로는 낙심되고 때로는 갈등되어도
그 마음 변치 말고 말씀을 따르구려.
하나님께서 보고 계시이다.
하나님은 언제나 그대 편 이시이다.

주님은 언제나 내편이십니다.
주님 신뢰하고 흔들리지 않게 하소서.
평생 말씀 붙들고 담대하게 하소서.
주님은 주심(主審)이십니다.

Poetry and Prayer - 내 편이신 하나님을 신뢰하며 76번째 시

착각 (錯角)

무역과 금융, 산업의 중심지,
소아시아의 특별한 지역
누구라도 살아보고 싶은 곳,
바로 이곳에 세워진 라오디게아교회.

예배와 기도의 열심이 특심했던 교회.
많은 사람들의 존경의 대상이 되었고,
하나님의 마음과 눈길이 머물렀던 곳,
라오디게아 교회.

모든 것이 풍성하고 넉넉하여
부족함이 없다고 여기며
기도와 예배가 살아있다고
자화자찬했던 라오디게아 교회.

어느 날,
교회의 주인이신 예수님께서 오셔서,
차지도 뜨겁지도 않고
미지근하다고 한탄하셨다.
가난하고 가련하고 벌거벗고
눈이 멀었다고 슬퍼 하셨다.

무지하고 자만하여
스스로 착각에 빠진 라오디게아교회...

주님,
자만하거나 방심하지 않게 하소서.
언제나 겸손하게 깨어 있게 하소서.
항상 자신을 돌아보며 확증하게 하소서.
식지 않는 열정을 주옵소서. 평생...

- 식어가는 세상을 바라보며 77번째 시

갈등 (葛藤)

같은 땅에 모양과 성질이 전혀 다른
칡과 등나무가 서로 엉켜 있다.
함께 있어 언 듯 보기는 좋으나
생사가 달려있다.
하나를 풀어 놓지 않으면
둘 다 넘어지고 죽음에 이르게 되리라.
이것을 이름 하여 갈등이라 한단다.
칡 나무와 등나무가 엉켜있는 상태.

인간만사 함께 사는 세상,
생긴 것은 비슷하나 저마다 생각과 성격이
달라 여기저기 뒤엉켜 신음하고 있다.
언 듯 보기는 무사하나 생사가 달려있다.
하나를 풀지 않으면 둘 다 넘어지고
모두가 깊은 상처와 고통에 이르리라.

숲에 나무가 없으면 숲이 아니듯,
사람 사는 세상에 갈등이 없으면
살아있는 사람이 아니리라.
서로 뒤엉킨 갈등은 아프고 고통이지만
풀어내면 아름다운 환상의 그림이 되리라.

주님께서 말씀하셨다.
화평하게 하는 자는 복이 있다고,
모든 사람으로 더불어 화평하라고,
원수까지도 사랑하고 복을 빌라고,
화목하고 제단에 나오라고...

주님.
내가 먼저 죽어 화평을 이루게 하소서.
내가 먼저 죽어 치유와 회복이 오게 하소서.
내가 먼저 죽어 서로가 살게 하소서.
내가 먼저 죽는 믿음의 용기를 주옵소서.

- 화평한 세상을 기대하며 78번째 시

자아갈등 (自我葛藤)

날이면 날마다 밤이면 밤마다
쉬 임 없이 찾아오는 불청객,
시도 때도 없이 분초마다 찾아와
마음을 흔들어 놓는다.

올 때마다 마음을 휘저어 평강을 깨고
 남모르게 고통 주는 불청객,
눈에 보이지도 손에 잡히지도 않으면서
중심을 흔들어 놓는다.

이름 모를 너 불청객이여,
너는 꼭 청개구리를 닮았구나.
어찌 그리 반대로만 가게 하는가?
너는 어찌 내 안에 살고 있는가?

날마다 스스로 결투하는 그대여,
그대안의 불청객을 따르지 마시구려.
그의 소리를 듣지도 말고
그에게 관심도 주지 마시구려.
무시하되 방심 말고 용감하게 싸우시구려.
그를 따라가면 반드시 수렁에 빠진다오.

주님,
불청객과의 결투는 매우 치열합니다.

주님,
성령의 불을 부으사 이기게 하소서.
약속의 말씀 붙들고 이기게 하소서.
겸손과 진실함으로 이기게 하소서.
십자가의 주님 바라보고 이기게 하소서.
능력의 보혈로 덮어 주소서.

- 자기를 이기는 삶을 위하여 79번째 시

너는

너는 하나님의 존귀한 자라.
아직 모태에 생성되기도 전에
너를 구별하셨고,
아직 세상에 태어나기도 전에
너를 아셨단다.

너는 하나님의 복된 자라.
아직 죄인으로 어둠에 있을 때,
먼저 사랑하시고
너의 이름을 **여디디야** 라 하셨단다.
하나님의 사랑받는자

너는 하나님 사랑의 표적이라.
아직 하나님을 알지도 못할 때,
먼저 찾아오셔서 너를 **헵시바** 라 하셨단다.
하나님의 기쁨

너는 하나님의 기쁨이라.
아직 걷지도 보지도 못할 때,
먼저 찾아오셔서 너를 **술람미** 라 하셨단다.
너는 나의 기쁨, 평화

너는 하나님의 특별한 사람이라.
천하 만민 중에서 고르고 뽑아
자녀라 부르시고 내 것이라 하셨단다.

너는 하나님의 축복의 통로라.
아브라함과 이삭과 야곱의 반열에 세우시고
너를 통하여 풍성한 축복이
열방을 향하여 흐르게 하신단다.

주님, 특별한 은혜와 사랑 감사합니다.
존귀한 자녀의 권세를 누리며 살게 하소서.
헵시바로 술람미로 드러나게 하소서.
사랑받는 여디디야로
주의 영광 드러내게 하소서.

- 하나님의 사랑을 묵상하며 80번째 시

담을 넘는 축복

푸석푸석 흙먼지만 날리던 황무지에
비가 내리고 고이더니,
어느덧 새싹이 나고 자라 밭이 되었다.

가시와 엉겅퀴로 가득한 벌판에
씨앗이 떨어져 움틀 거리더니,
어느덧 자라 나무숲이 되었다.

마르고 앙상한 나뭇가지에
뭉개 뭉개 이슬이 내리고 내리더니
어느덧 살이 오르고 산(生) 나무가 되었다.

무지하고 어리석어 멀리 있던 영혼에게
은밀하게 부어주신 하나님의 은혜가
쌓이고 쌓여 고백이 되고 간증이 되었다.

졸졸졸 흐르던 시냇물이 모여 큰 강물 되듯
척박한 인생에 은혜의 시냇물 흘러와
은혜가 흐르는 축복의 통로가 되었다.
너는 담을 넘는 축복의 줄기이어라.

주님,
주신 은혜와 축복이 너무도 큽니다.
그 어느 것 하나 축복이 아닌 것이 없습니다.
모두가 주님 주신 축복의 흔적입니다.
이제는 담을 넘는 축복의 통로로 살게 하소서.
주님 축복이 흘러넘치게 하소서.

Poetry, and Prayer

- 주신은혜 감사하며 81번째 시

나이테

봄 여름 가을 겨울
계절 따라 그려진 나이테.
아무도 모르게 잘도 그렸구나.
한 겨울 세차게 몰아 부치는 바람을 맞고
수놓듯 그려진 나이테,
멋있게 잘도 생겼구나.

내리쬐는 강력한 태양 빛을 입고
때로는 무겁고 어두운 구름을 입고,
동그란 모양 잘도 그렸구나.
나무속을 동그랗게 수놓은 나이테여,
너의 모습이 아름답고 신기하구나.
그것이 너의 나이고 실체라지?

너를 보고 아름답고 신기하다고 말하지만
너의 그 모습이,
겨울의 차가운 눈바람과 여름의 뙤약볕을 참아낸
너의 고통과 몸부림의 흔적인 것을
그 누가 알랴...

주님,
믿음의 고백과 은혜로운 간증은
내 영혼의 나이테입니다.
고통과 시련의 아픔 속에서 정교하게 그려진
영혼의 나이테입니다.

주님,
고통과 시련의 아픔 속에서도
삐뚤거리지 않고 주님만 바라보며,
한 겹 한 겹 아름답게 그려지게 하소서.
멋진 내 영혼의 나이테…

Poetry, and Prayer

- 믿음을 지키는 아름다운 영혼들을 위하여 82번째 시

여백 (餘白)

그대의 약점이 무엇인가?
약점을 부끄러워 말고 기죽지 마라.
그대의 실수가 무엇인가?
실수를 두려워말고 스스로 숨지 마라.

그대의 아픔이 무엇인가?
아픔을 숨기지 말고 당당 하라.
그대의 고민이 무엇인가?
고민의 수렁에 빠지지 말고 자유 하라.
그대의 기쁨이 무엇인가?
기쁨에 들떠 자만하지 말고 자숙하라.

저 천성을 향해 가는 그대여,
약점도 실수도 아픔도 모두 다 과정이고
아직 끝은 아니라오.

저 천성을 향해 가는 존귀한 그대여,
고민도 기쁨도 모두 다 지나가는 순간이고
아직 결론은 아니라오.

그대의 약점과 실수와 심각한 고민,
그대의 아픔과 기쁨 뒤에는
하나님의 시간이 기다리고 있다오.
그대를 위해 남겨두신 시간이…
하나님은 여백의 하나님 이시라오.

주님, 어떤 상황에서도
주님의 시간을 믿음으로 기다리게 하소서.
나를 위한 주님의 여백을…

- 일하시는 하나님을 바라보며 83번째 시

유월(六月)을 보내며

계절의 여왕 5월을 지나 찾아왔던 너,
온 세상을 떠들썩하게 했던
오월을 제치고 온 너는,
때 아닌 더위와 소낙비 내리는 장마로,
세상을 우울하게 했다.

간혹 유월을 수놓는 꽃들도 있었지만
때 이른 더위와 먹구름으로
너의 기억이 좋지만은 않구나.

민족의 비극 육이오를 기념하는 날,
이곳저곳 날마다 뉴스를 채우는
여러 가지 우울한 사건들
너의 기억이 밝지만은 않구나.

그러나, 어느덧 유월이 가고
새 달 칠월이 왔구나.
새 달 칠월이여 너를 기대하누나.
제대로 무더운 여름을 업고 왔지만,
칠월에 행하실 그 분의 역사를 기대한다.

주님,
한 날이 가고 새 날이 오고,
한 달이 가고 또 새 달이 오듯,
우울하고 힘들었던 지나간 일들은
말끔히 지워주시고,
새 일을 행하실 주를 기대하고 바라보게 하소서.
주님은 언제나 새 일을 행하시는
좋으신 아버지이십니다.

Poetry and Prayer

- 유월의 마지막 날에 84번째 시

보게 하소서

어두운 고난의 광야를 지나며
염려와 두려움의 먹구름 닥쳐올 때,
힘차게 앞서가시는 주님의 발 보게 하소서.

실패와 좌절의 언덕을 지나며
실망과 고통의 소용돌이 몰아칠 때,
조용히 말씀하시는 주님의 입 보게 하소서.

미지의 무서운 바다를 지나며
갈길 몰라 방황하며 슬퍼할 때,
높이 드신 능력의 손 보게 하소서.

폭풍우 몰아치는 험한 세상 지나며
이리저리 흔들리고 요동할 때,
덮어주신 은혜의 구름기둥 보게 하소서.

드넓은 죄악 세상 나그네처럼 지나며,
외로움에 빠져 지쳐갈 때,
감싸 주시는 능력의 팔 보게 하소서.

보게 하소서 보게 하소서
능력의 주 보게 하소서.
보게 하소서 보게 하소서
사랑의 주 보게 하소서.

- 능력의 주를 바라보며 85번째 시

Poetry, and Prayer

예비 된 엘림 2

엔학고레
그 날에
돌담
여호와 라파
흐르게 하소서
만남
그릇
지연(遲延)
성령의 불
마라(Marah)
안나(Anna)
시인(詩人)이 되세요
폭염(暴炎)
엘림(Elim)

엔학고레

전능자의 거룩하신 영이 임한
시대의 장수 나실 인 삼손,
전능자의 능력이 강하게 흘러
위기의 나라를 구해냈으나,
동족의 궤계로 원수의 손에 붙들려,
억울하고 안타까운 신세가 되었구려.

그럼에도 불구하고 크신 은혜 임하여
푸성귀 같은 마른 뼈로 억울함을 풀어냈구려.

승리 후에 다가온 지친 그대의 모습은
심히도 안타깝구려.
그 누가 승리 후 그대의 목마름을 알며,
그 누가 장수 그대의 지친 마음을 알랴.

갈하고 목마름에 지쳐 부르짖는 그대는
마른 뼈를 던지는 용기만큼이나 귀하구려.
갈하고 지친 상황에서도 부르짖는 그대는
장한 하나님의 큰 용사로다.

갈하고 지쳐 부르짖는 용사에게
은혜의 샘물을 주신 전능자 하나님,
부르짖는 자를 외면치 않으시고
기적의 샘물을 터치신 자비의 하나님.

주님,
주께서 친히 예비해 두신 은혜의 샘물,
보좌로부터 흐르는 기적의 샘물을 보게 하소서.
지치고 갈한 상황에서도 부르짖는
믿음과 용기를 부어 주소서.

Poetry, and Prayer

- 새 힘주시는 하나님을 기대하며 86번째 시

그 날에

해가 뜨고 지고
또 해가 뜨고 지고
하루가 오고 하루가 가고
또 하루가 오고 간다.

감았던 태엽이
한 겹 한 겹 풀어지며
시간이 흘러가듯,
인생의 태엽이 풀어지며
점점 그 날이 다가오고 있다.

그 날을 정하신 이는 그 분이시라.
달력도 볼 수 있고 시계도 볼 수 있으나
그 날은 볼 수 없으니
오직 그 분만이 아시리.

그 날을 누가 피할 수 있으리오
재물 권세 지식 영웅호걸
그 누가 피할 수 있으리오
오직 그 분만이 아시리.

그날에,
후회 없게 하소서.
승전가 부르며 기쁨으로 맞이하게 하소서.
저 천성 바라보며 두렴 없게 하소서.

그날에,
기뻐하게 하소서.
그리던 영광의 주 보게 하소서.
주님 손잡고 영생의 나라 들어가게 하소서.

- 그 날을 바라보며 87번째 시

돌담

울퉁불퉁 형형색색 못생긴 돌로
삐뚤빼뚤 쌓여진 돌담,
어디를 봐도 질서 없어 보이도다.

세모도 네모도 아닌 돌로
구불구불 쌓여진 돌담,
정갈한 모습 하나 없구나.

엉성한 돌들이 모여
여기저기 구멍이 숭숭한 돌담,
너에게 눈 길 주는 이 하나 없구나.

울퉁불퉁하면 어떠하리.
삐뚤빼뚤하면 어떠하리.
구불구불하면 어떠하리.
네 모습 그대로 아름답구나.

돌 담 이여,
너의 모습이 구멍 숭숭 엉성하지만
너의 엉성함이
너를 더욱 빛나고 아름답게 하누나.
너의 엉성함이 큰 바람도 이겨낸단다.

주님,
약한 모습 그대로 나아갑니다.
엉성한 모습 그대로 나아갑니다.
엉성함으로 이웃을 편하게 하고
엉성함으로 주께 겸손하게 하소서.
엉성함은 나를 세우는 축복입니다.

- 약함의 능력을 생각하며 88번째 시

여호와 라파

여호와 라파 치료하시는 하나님.
성령의 불 내려
병든 몸 고쳐 주소서.

여호와 라파 치료하시는 하나님.
은혜의 빛 비춰
상한 마음 만져 주소서.

여호와 라파 치료하시는 하나님.
보혈로 덮어
어둔 영혼 밝게 하소서.

여호와 라파 치료의 하나님.
능력의 손 뻗어
회복의 은혜 내려 주소서.

여호와 라파 치료의 하나님.
진리의 영 부으사
저 천성 바라보게 하소서.

여호와 라파 여호와 라파
지금 곧 오셔서
사모하는 마음 받아 주소서.

여호와 라파 여호와 라파
여기 오셔서
치료의 능력 나타내소서.

Poetry, and Prayer

- 치유와 회복을 기대하며 89번째 시

흐르게 하소서

성전에서 흘러나온 거룩한 물,
동으로 흘러 발목에 이르고
또 흐르고 흐르더니 무릎에 차고,
다시 무릎에서 허리에 오르더니
마침내 창일한 강물이 되었도다.

이 강물이 닿는 곳마다
바다가 살아나 고기들이 헤엄치고
땅이 살아나 푸른 풀밭이 되고
메말랐던 나무들이 살아나
풍성한 열매를 맺으니
바다도 땅도 나무와 고기도
어부도 농부도 활력이 넘치누나.

이 강물은 거룩한 생명의 물이라.
이 강물은 살리는 은혜의 물이라.

주님,
온 세상에 생명의 강물 흐르게 하소서.
메마른 심령들 살아나게 하시고
무너진 가정들 회복되게 하소서.
생명의 물로 온 세상 덮어 주소서.

주님,
온 세상에 은혜의 강물 흐르게 하소서.
죄악에 빠진 나라들 살아나게 하시고
어두워진 교회들 깨어나게 하소서.
여기저기 찬양소리 넘쳐나게 하시고
온 나라 온 백성 구원의 노래 부르게 하소서.

Poetry, and Prayer

- 은혜의 강물을 사모하며 90번째 시

만남

모태로부터
끊임없이 이어지는 만남들,
인생은 만남의 연속이로다.

만남은 설렘의 시작이라.
만남을 통해 기쁨이 솟구쳐 흐르고
만남을 통해 행복이 흐르기 때문이리라.

만남은 슬픔의 시작이라.
만남을 통해 이별의 슬픔을 경험하니
만남은 이별의 전주곡이기 때문이리라.

만남은 상처의 시작이라.
만남을 통해 주고 받는 상처가 크니.
만남은 갈등과 미움도 함께 품고 오기 때문이리라.

저 천성을 향해 가는 성도들이여,
만남을 기대하시라오.
설레는 마음으로 기다리라오.
어떤 만남이라도 두려워 마시구려.
만남 속에 비밀이 있다오.

기쁜 만남을 통해 섬김과 사랑을 배우고
슬픈 만남을 통해 위로와 인내를 배우고
아픈 만남을 통해 겸손과 관용을 배운다오.
만남은 정녕 하나님의 축복이라오.

주님,
어떤 만남도 두려워 말게 하소서.
어떤 만남에서도 주의 뜻을 보게 하소서.
만남은 천국 백성의 축복입니다.
천국 가는 그 날까지...

– 만남의 의미를 생각하며 91번째 시

그릇

동그랗고 네모나고 길고 넓적하고
생긴 모양도 다양하구나.

질그릇 철 그릇 나무그릇 종이 그릇
재료도 다양하고.
부엌에서 방에서 밖에서 안에서
쓰이는 곳도 다양하구나.

그러나,
스스로 된 그릇 하나 없으니
모두다 토기장이 작품이로구나.

우리는 모두,
토기장이 전능자의 작품이로다.
모양이 어찌하든 크기가 어찌하든
그 분의 뜻대로 만드셨도다.

주님.
평생 주의 영광위한 그릇되게 하소서.
주의 복음 담는 그릇되게 하소서.
기도의 눈물 담는 그릇 되게 하소서.
주의 사랑담아 전하는 그릇되게 하소서.

주님.
주의 영광위해 깨어지고 비워지게 하소서.
날마다 풍성한 은혜로 채워주시고
아름답게 다듬어 정결한 그릇 되게 하소서.
저 천국 위하여 주 뜻대로 사용하소서.
주님 오시는 그 날까지...

- 정결한 그릇되기 원하며 92번째 시

지연 (遲延)

하루 이틀 사흘 나흘 시간은 가고
이제나 저제나 기다리는 그 날은 오지 않고
날짜만 세어가며 갈수록 초조해지누나.

답답하고 초조하니 불안은 더해가고
염려가 성난 사자처럼 달려들어
마음에는 험한 파도 출렁이누나.

지연(遲延),
그대는 누구인가?
어찌하여 길을 막고 있는가?

주님,
지연의 비밀을 알게 하소서
한 없이 지연되는 시간 속에서도
원망하거나 탓하지 말게 하소서.
지연을 통해 인내를 배우고
지연을 통해 겸손을 배우게 하소서.

지연의 시간에 잠잠히 주님 바라보게 하시고
주님 뜻 묵상하게 하소서.
지연의 시간에 뒤 돌아보게 하시고
엎드려 기도하게 하소서.

지연에도 뜻이 있고 목적이 있음을 믿고
그럼에도 불구하고 여전히 일하시는
주님 의뢰하고 믿음의 중심 잡게 하소서.

전 삼 일, 전도서 삼장 일절
범사에 때와 목적과 기한이 있고,
롬 팔 이 팔, 로마서 팔 장 이십팔 절
모든 일이 합력하여 선을 이루심을 믿게 하소서.

- 지연의 때를 위하여 93번째 시

성령의 불

오순절 마가 다락방에
홀연히 임하신 성령의 불,
각 사람 머리위에 임하여
회개와 기쁨의 영으로 채우셨고
새로운 방언 능력으로 채우셨도다.

오순절 임하신 성령의 불
예루살렘을 넘어
유대와 사마리아 땅에 임했도다.
핍박과 박해와 조롱을 태우며
온 세상 불태웠도다.

성령의 불 임하는 곳마다
주의 나라 임했도다.
성령의 불 임하는 곳마다
죄의 도성 무너졌도다.

오순절 성령의 불 다시 임하소서.
무너진 교회와 가정들 위에.
오순절 성령의 불 다시 임하소서.
죄악으로 얼룩진 온 세상 위에.
오순절 성령의 불 다시 임하소서.
민족과 열방을 품고 나갈 주의 군사들 위에.

어게인 어게인 성령의 불, Acts 29.
어게인 어게인 성령의 불, Acts 29.
성령의 불 바람 불게 하소서.

- 새로운 오순절 기대하며 94번째 시

마라 (Marah)

사백 삼십년을,
어둠아래 살던 백성들에게
전능자의 기적이 임하였도다.
출애굽의 기적 홍해 도강의 기적
기적의 주인공이 되었도다.
세상에 이런 기적이 또 어디 있으리오.

광야를 걸어 행진하던 백성들
홍해를 건넌 기쁨이 채 가시기도 전
물이 없어 목이 타 들어가기 시작했다.
어린이도 어른도 사람들도 짐승들도.

사방팔방 어디를 보아도 물이 없으니…
홍해를 건널 때 가졌던 흥분과 웃음
기쁨과 찬송은 다 어디로 가고
불평과 불만 원망으로 가득하도다.

마침내 그 땅에서 찾아낸 우물
얼마나 흥분되고 기뻤을까
그러나 흥분과 기쁨도 잠깐
물이 써서 마실 수 없도다.
물이 쓰다 하여 마라라 하였던가?

마라는 절망과 한숨의 땅 이로다
사막에서 우물을 발견한 기쁨을
통째로 빼앗은 절망과 한숨의 땅.

그럼에도 불구하고,
하나님은 마라의 쓴물을 단물로 바꾸셨도다.
절망과 한숨의 땅을 기쁨과 찬송의 땅으로
어둠의 땅을 감사와 간증의 땅으로 바꾸셨도다.

주님
이 세상은 마라입니다 어디를 가도 마라입니다.
그러나 주님 함께 하시면 기적의 땅입니다.
이 세상 어디라도 간증으로 가득합니다.
이 세상 어디라도 주님 한 분으로 만족하게 하소서.

- 기적의 주님을 바라보며 95번째 시

안나 (Anna)

생명의 빛이 오셨어도
알지 못하는 어두운 세상.
무지한 영혼들을 위해
숨겨놓으신 여선지자 안나.

결혼 생활 오직 칠년,
남편과 사별 후 팔십 사년 외길을 살았구려.
하루도 성전을 떠나지 않고
날마다 성전에서 살아온 그대여,
주야로 금식하며 기도하며
장장 팔십 사년을 그렇게 살았구려.

들려오는 조롱과 비난소리도,
과부의 삶을 바라보는 따가운 시선도
솟구쳐 오르는 욕망도 모두모두 이겨냈구려.

장 하도다 안나여!,
생애를 불태워 향기로 드린 여인이여,
그대의 눈물과 기도가
황금 보석 보다 귀하고 값지니
아기 예수님 전하기에 합당하도다.

장 하도다 안나여!,
기도와 눈물로 그 날을 기다린 여인이여,
한결같은 믿음으로 성전을 지킨 여인이여,
그대의 헌신과 희생이 해와 같이 빛 나리이다.

주님,
이 시대의 안나로 살게 하소서.
생애를 불태워 복음의 향기 되게 하소서.
기도와 눈물로 주의 성전 지키게 하소서.
주님 오시는 그 날까지...

- 안나를 생각하며 96번째 시

시인(詩人)이 되세요

시인이 되세요,
누구라도 시인이 되세요.

시인의 눈을 뜨세요,
어디라도 바라보세요.
눈을 뜨면 보입니다.

시를 쓰세요,
한 줄이라도 쓰세요.
당신의 마음을 표현하세요.

시인이 되세요,
당신의 영혼이 맑아지고
믿음이 깊어집니다.

시인의 눈을 뜨세요.
이 세상 모두가 당신을 부릅니다.
전능자의 솜씨가 보이기 시작합니다.

주님,
다윗 같은 눈 열어 주님 손길 보게 하소서.
다윗 같은 영성주사 주님 표현하게 하소서.
다윗 같은 믿음주사 시로 간증하게 하소서.

주님.
이 세상 모든 곳에서 주님 손길 보게 하소서.
이 세상 모든 사람에게 주님 증거 하게 하소서.
시(時)는 주님의 축복입니다.

- 시인의 마음으로 97번째 시

폭염 (暴炎)

온 땅을 끓게 하는 가마 솥 더위,
땅도 산도 강도 뜨끈뜨끈하구나.
사람도 짐승도 숨이 턱턱 막히는 더위
찜통더위라 한단다.

여름이기에 예상도 하고,
당연히 뜨거우리라 알고 있지만,
폭염은 모두를 지치게 하는구나.
펄펄 끓는 가마솥 폭염이라고
누구를 탓하고 누구를 원망하랴.

가마솥 폭염 속에서도,
창조주의 손길은 세밀하게 움직이누나.
들판의 곡식들이 무럭무럭 익어가고
불필요한 곤충들은 하나하나 사라져가고
부지런한 농부들은 추수를 기다리누나.

창조주의 디자인 작품,
한쪽이 뜨거우면 한쪽은 익어가고,
한쪽이 지쳐 가면 한쪽은 힘을 얻고,
한쪽이 세워지면 한쪽은 사라지고,
아름다운 균형을 이루시누나.

주님,
모두를 지치게 하는 폭염 속에서도
들판의 곡식을 익게 하시며
가을추수를 준비하시는 손길을 보게 하소서.
이해할 수 없는 상황 속에서도
세밀하게 일하시는 주님 바라보게 하소서.
주님은 언제나 신실하신 아버지이십니다.

- 폭염을 지나며 98번째 시

엘림 (Elim)

쓴물을 단물로 바꿔주신
고통의 땅 마라를 떠나 광야를 걷는 백성들,
걷기는 걸어도 내일을 알 수 없으니
걱정이 태산 같았겠구나.

사방팔방 보이는 것은 사막뿐이고
마음 놓고 쉴 곳 없으니,
안개 속을 걷는 심정이었겠구나.

이 길을 가려고 애굽에서 나왔던가?
지도자 모세를 크게 원망하니
그대들의 심정도 이해하겠구려.
오죽 막막했으면 원망하고 불평했으랴?

원망과 불평으로 광야를 걷던 백성들,
갑자기 나타난 종려나무와 물샘으로
모두 깜짝 놀랐도다.
꿈에도 생각지 못했던 상황,
인도자 하나님의 깜짝 선물이로구나.

큰 나무를 뜻하는 엘림,
종려나무 칠십, 물 샘 열둘,
앞서가시는 전능자의 예비하신 선물이로구나.
원망과 불평을 놀램과 기쁨으로 바꾸신 분,
그대들을 위한 오아시스를 준비 하셨구려.

주님,
광야 같은 세상길 지나는 동안
예비하신 신령한 오아시스 바라보게 하소서.
보이지 않아도 잡히지 않아도
주님과 함께 함이 엘림 임을 알게 하소서.
이 세상 어디이든 엘림 입니다.

- 엘림의 주님을 바라보며 99번째 시

Poetry, and Prayer

3

비포장도로

먼저
매미
수가성 우물가
태풍(颱風)
모래시계
모래 성(城)
명품(名品)
이삭(Isaac)
또 한 면(Other side)
여전히(如前히, still)
화목(和睦)
비포장도로
결승선(決勝線)
여름을 보내며
가을의 문턱에서

먼저

내가 아직 연약할 때,
내가 아직 죄인 되었을 때,
내가 아직 원수 되었을 때,
먼저 찾아오셔서 부르시고 자녀 삼아주신 하나님.

내가 아직 주를 모를 때,
내가 아직 믿음 없을 때,
내가 아직 어릴 때,
먼저 오셔서 알게 하시고 믿음주신 하나님.

내가 아직 사랑을 모를 때,
내가 아직 용서를 모를 때,
내가 아직 기쁨을 모를 때,
먼저 오셔서 가르쳐 주시고 보게 하신 하나님.

그 하나님은 크신 하나님이시라.
내가 기도하는 것보다 크신 하나님,
내가 아는 것 보다 크신 하나님,
내가 믿는 것 보다 크신 하나님이시라.

그 하나님은 크신 하나님이시라.
내가 보는 것 보다 크신 하나님,
내가 듣는 것 보다 크신 하나님,
내가 말하는 것보다 크신 하나님이시라.

주님,
먼저 오셔서 자녀 삼아주시고 모든 것 아시는
크신 주님 크게 바라보며 살게 하소서.
모든 염려 걱정 내려놓고 당당하게 하소서.
앞서가시는 주님 앞서지 않게 하소서.
주님은 크고 영원하신 인도자이십니다.

- 크신 하나님을 바라보며 100번째 시

매미

매 앰 맴 매 앰 맴,
온 동네를 뒤 덮는 여름의 소리,
어디서 왔는지 어디 있는지
알 수는 없으나 우렁차게도 우는구나.

매 앰 맴 매 앰 맴,
귓가를 스치는 매미들의 떼 창,
열심이 특심하구나.

어두운 땅속에서 칠년을 지내온 너
아무도 모르게 조용히 준비하고
땅위로 올라와 고작 삼주를 산다지?
이것이 칠년을 기다린 너의 생애인가?

네가 밤낮 울어대는 것은
너의 남은 때를 알기 때문이며
네가 그렇게 소리를 높이는 것은
창조주의 종족 번식 사명을 위한 거려니…

칠년을 기다려 고작 삼주를 살아도
너의 사명을 다하기 위해
목청이 터지도록 울어대며
온 몸 불태워 사명 다하는 모습이 장하구나.

주님, 매미를 통해
존재의 의미를 배웠습니다.
사명을 위한 기다림을 배웠습니다.
인생은 길이가 아니라 목적임을 배웠습니다.
충성의 길을 배웠습니다.
온 몸 불태워 내가 죽고
주님 주신 사명의 길 힘차게 가게 하소서.

- 매미의 떼 창을 들으며 101번째 시

수가 성 우물가

사마리아 땅 수가성에,
옛 부터 보존된 마을 사람들의 우물.
전통 있고 유서 깊은 우물이 있었으니
야곱이 판 우물이라 하여 야곱의 우물이란다.

어느 날 정오, 아무도 오지 않는 오침 시간에
예수님께서 조용히 우물가로 오셨다.

온 동네 사람들에게 조롱받고 외톨이 된 여인
삶이 복잡하고 부정한 여인이,
물동이를 머리에 이고 물 길러 왔단다.

바로 그곳에서,
예수님은 그 여인을 만나 주셨다.
부끄러운 과거를 씻어주시고,
기죽은 여인에게 용기를 주시고,
어둠 속에 살던 여인에게 새 삶을 주셨다.

수가 성 우물가는,
예수님을 만난 사랑의 샘터로다.
영혼을 치유하신 치유의 샘터로다.
인생을 바꿔주신 축복의 샘터로다.

주님,
이 땅의 모든 교회들이 사랑의 샘터 되게 하소서.
이 땅의 모든 교회들이 치유의 샘터 되게 하소서.
이 땅의 모든 교회들이 축복의 샘터 되게 하소서.
이 땅의 모든 교회들은 주님의 축복입니다.

- 이 땅의 교회들을 생각하며 102번째 시

태풍 (颱風)

강한 바람과 함께 폭우를 몰고 온
여름의 불청객 태풍,
그냥 지나가도 되련만
온 나라를 휘 젓고 지나가는구나.

이곳저곳 피해들이 속출하고
소중한 생명들이 사라지고
인적 물적 피해가 어마어마하구나.
태풍이 지나간 곳마다
많은 피해로 눈물과 한숨이 가득하니
태풍은 분명 불청객이로다.

예측도하고 방비도하며 애쓰지만
인간이 할 수 있는 것은 그것 뿐,
오직 두려움과 공포만 있구나.

그러나, 태풍이 주는 유익도 있단다.
찌는 듯한 무더위를 몰아내고
자연의 생태계를 정리하여 균형을 이루고
바다의 염도를 조절해 준단다.
태풍은 우리를 위한 창조주의 심부름꾼이로구나.

주님, 태풍 앞에서
인간의 연약과 무능을 알게 하소서.
창조주의 통치에 굴복하게 하소서.
인간의 능력과 지혜를 자랑 말게 하소서.

주님,
무섭고 고통스러운 태풍 속에도
유익을 만들어 주시는 능력의 손 보게 하소서.
광야 같은 인생길에서 어떤 태풍이 닥쳐와도
함께하시는 주님만 바라보게 하소서.
주님은 능력이십니다.

Poetry, and Prayer

- 태풍 카눈을 바라보며 103번째 시

모래시계

한 알 한 알 떨어지며
시간을 알리는 모래시계,
모양도 크기도 다양하구나.

소리 없이 한 알 한 알 떨어지며
정해진 시간을 알린다지만,
짧은 너의 수명도 소리 없이 줄어드는구나.
너를 바라보며 정확하고 아름답다 말하지만
줄어져 가는 너의 수명은 안타깝구나.

조용히 자신을 비우며
시간을 알리는 모래시계여,
너는 어찌 그리 우리네 인생을 닮았느뇨.
소리 없이 하루하루 흘러가는 시간 속에
정해진 우리의 수명도
소리 없이 줄어만 가는구나.

수명이 다한 모래시계는
뒤집어 놓으면 다시 시작한다지만,
우리네 인생은 다시 돌이킬 수 없으니
하루하루 황금 같은 시간이로구나.

주님,
주님께서 정해 놓으신 인생의 끝을
아무도 알 수 없으니,
하루하루 소중한 선물로 알고
감사와 기쁨으로 살게 하소서.
단 한 시간이라도 허비하지 말게 하시고
단 하나라도 의미 없이 버리지 말게 마시고
믿음 따라 사명 따라 살게 하소서.
저 천국 바라보며 왕의 자녀답게 살게 하소서.

Poetry, and Prayer

- 모래시계를 생각하며 104번째 시

모래 성(城)

출렁이는 파도를 통해 만들어진
아름다운 오색 빛의 모래들 곱기도 하도다.

너의 아름다움에 반한 사람들
한 줌 한 줌 너를 가져다
어렵고 힘들게 성을 쌓는구나.
쌓으면 무너지고 쌓으면 무너지고…

간신히 쌓아올린 모래성
숨 가쁘게 쌓아올린 땀과 숨결이 선하구나.
아름답고 보기 좋은 모래성
너의 모습이 아름답도다마는
가져갈 수도 없고 오래가지도 못하니,
너는 이름뿐이로구나.

너는 아름답고 보기는 좋으나
작은 파도와 바람에도 무너져 내리니
너의 아름다움이 무색하구나.

모래성을 쌓는 그대여
수고하고 애써 쌓은 그대의 성이
아름답고 화려하게 보이지만
가져갈 수도 없고 오래 갈 수도 없으니
그대의 성은 오직 이름뿐이라오.

주님,
주님 없는 이 세상은 모래성입니다.
수님 없는 수고는 헛될 뿐입니다.
주님 없는 행복은 불려가는 바람입니다.
주님 없는 인생은 사라지는 그림자입니다.
평생 주님 안에 거하게 하소서.
주님만이 영원한 반석이십니다.

- 모래성을 바라보며 105번째 시

명품 (名品)

누구라도 보고 싶어 하는 명품,
누구라도 갖고 싶어 하는 명품,
모두에게 꿈과 자랑을 주는 명품,
너는 누구인가?

오랫동안 애용되고 누구에게나 인정받는 것,
누구나 좋아하고 품위 있는 것,
흔하지 않고 값어치 있는 것을
명품(名品)이라 한단다.

흉내 내어 만든 것은 짝 퉁 이란다.
명품처럼 생기고 값어치 있어 보이지만
짝 퉁은 짝 퉁이란다.

명품은 하루아침에 만들어지지 않는단다.
명품은 쉽게 만들어지지 않는단다.
명품은 변질되지 않는단다.
명품은 명품다움이 있단다.

주님,
주님 안에서 새롭게 된 명품 인생 되게 하소서.
세월이 흘러도,
말씀 안에서 변치 않는 명품 신앙 되게 하소서.
세상이 흔들려도,
성령 안에서 담대한 명품 신자 되게 하소서.
하나님을 영화롭게 사람을 기쁘게 하는
명품 천국백성 되게 하소서.
우리는 주님의 명품 자녀입니다.

Poetry, and Prayer

- 명품 인생을 꿈꾸며 106번째 시

이삭 (Isaac)

칠십 오세 적지 않은 나이에
본토 친척 아비 집을 떠나
지시하는 땅으로 가라는
전능자의 명령을 받은 아브라함.

모든 것을 정리하고 마감해야할 노년에
목적지도 알려 주지 않고 떠나라는
전능자의 명령에 얼마나 당황 했을까?

좌충우돌 이십 사년을 지내온 아브라함,
백세가 다 되어가는 구십 구세 때,
내가 너로 열국의 아비가 되게 하리라는
이해할 수 없는 음성을 또 듣게 되었도다.
이 세상을 떠나야 할 노년 구십 구세,
이것이 어찌 가능하다는 말인가?

전능자의 말씀을 이해할 수 없어
당황과 낙심 속에서 속웃음을 웃은 그대여,
남편에게 말씀하시는 전능자의 말씀을 듣고
부엌에서 속으로 웃었던 사라여,
그대들의 웃음이 무슨 의미인지 알겠도다.

본토 친척 아비 집을 떠나 온지 어언 이십 오년,
열국의 아비 어미가 되게 하시겠다고
선언하신 전능자께서,
그대들에게 참된 웃음을 주셨도다.
근심과 당황과 불신의 웃음을
기쁨과 놀람의 웃음으로 바꿔 주셨도다.
웃음의 증표 그대들의 아들 이삭...

주님,
이해할 수 없을 때에라도 신뢰하게 하소서.
보이지 않고 잡히지 않아도 바라보게 하소서.
염려와 근심 가운데서도 기뻐하게 하소서.
주님은 신실하신 아버지 이십니다.

- 신실하신 하나님을 신뢰하며 107번째 시

또 한 면 (Other side)

태초에 빛을 만드신 창조주,
빛을 낮이라 어둠을 밤이라 하셨단다.
태초에 궁창을 만드신 창조주,
궁창을 하늘이라 하시고
드러난 육지를 땅이라 하셨단다.

질서 있고 섬세하게 창조하신 세상,
밝은 빛이 있으면 깜깜한 어둠이 있고
높은 하늘이 있으면 낮은 땅도 있도다.
전능자께서 디자인하시고 창조하신 세상,
모든 것이 짝을 이루어 조화롭도다.

추위가 있으면 더위가 있고
어둠이 있으면 빛이 있듯,
우리네 인생도 그러하니 조화롭구나.
기쁨이 있으면 슬픔도 있고
성공이 있으면 실패도 있고
높음이 있으면 낮음도 있으니
병행하시는 아름다운 조화로다.

주님,
기쁨이 오면 슬픔도 있음을 알고 겸손하게 하시고,
슬픔이 오면 기쁨도 있음을 알고 담대하게 하소서.
또 한 면이 있음을 알고 잠잠하게 하소서.

주님,
성공도 실패도 높음도 낮음도
모두 주님의 비밀임을 알아,
교만하지도 비굴하지도 않게 하소서.
모든 상황 속에서 또 다른 면을 보게 하소서.
주님 손 바라보고 잠잠히 주 따르게 하소서.
주님은 인생의 주인이십니다.

- 병행하시는 하나님을 신뢰하며 108번째 시

여전히 (如前히, still)

넓고 험한 광야 길을 홀로 걸으며
외롭고 지쳐 주저앉아,
남모르게 눈물 흘리며 한숨지을 때,
여전히 앞서가시며 손 잡아주시고
새 힘주시는 위로의 주님.
그 주님이 바로 나의 주님이시라.

무지하고 듣지 못하여
불순종의 길을 걸으며
방황하고 살아갈 때,
여전히 거기 계시며 손짓하시고
가르쳐 주시는 사랑의 주님.
그 주님이 바로 나의 주님이시라.

힘들고 어려운 문제 속에서
어리석어 해결 못해
먼 하늘 쳐다보며 낙심할 때,
여전히 바라보시며
일으켜 세워 주시고 용기주시는 주님.
그 주님이 바로 나의 주님이시라.

Poetry and Prayer

주님은,
여전히 나의 힘이요.
여전히 나의 소망이요.
여전히 나의 영원한 기쁨이십니다.
평생 주님만 바라보며 살게 하소서.
여호와 삼마!

- 여전하신 하나님께 감사하며 109번째 시

화목 (和睦)

창조주의 형상 따라
아름답고 존귀하게 지음 받은 사람들,
누구라도 인정받고 사랑받으며
소중한 삶을 살 권리를 주셨도다.
창조주의 마음과 사랑이
듬뿍 담긴 아름다운 세상에서,
복되고 소중하게 살아갈 특권이 있도다.

사람을 지으신 창조주의 마음은,
사람 사람이 형제자매로 사랑하며
어우러져 화목하게 사는 것이란다.

폭풍과 밀물이 몰고 온 쓰나미 처럼
온 세상 사람들을 덮어버린 먹구름,
미움 다툼 시기 갈등 오해가
사람 사람을 갈라놓고 뒤덮었구나.

온 세상 사람들을 향하여 하시는
창조주의 엄중한 말씀,
서로가 사랑하고 화목 하는 것이란다.

주님,
주님께서 자신을 화목제물로 드리신 것처럼,
자신을 드려 누구와도 화목하며 살게 하소서.
미움 다툼 시기 갈등 오해로 덮인 곳
주의 사랑으로 씻어 화목하게 하소서.
화목이 거룩이고 경건 입니다.

주님,
소금으로 녹아지고 촛불로 태워져
어두운 세상 화목으로 밝히게 하소서.
주님 기뻐하시는 화목의 열매 맺게 하소서.

- 화목한 세상을 꿈꾸며 110번째 시

비포장도로

울퉁불퉁 흙먼지 가득한 길,
몇 발짝도 걸어가기 힘들구나.
세모난 돌 둥근 돌 깊이 박혀 있는 길,
이리 저리 깨어져 위험천만 하구나.

비틀거리고 넘어져야 갈 수 있는 길,
언제 어디서 튀어나올지 모르는
흙먼지 돌멩이들이 가득한 길
너를 비포장도로라 부르리라.

여기저기
위험이 도사리고 있는 비포장도로.
누구나 바라볼 수는 있으나
아무나 갈 수는 없단다.

이 세상 어디라도 있는 비포장도로
피할 수 없다면 기쁨으로 가구려.
겉보기는 볼품없는 길이지만
그곳에 숨겨진 비밀이 있다오.

주님,
주님 가신 십자가의 길은 비포장도로입니다.
비틀거리고 넘어져도 주님 따르게 하소서.
기쁨으로 따르며 걷게 하소서.

주님,
평탄하고 빠른 길이 아니어도 좋습니다.
쉽고 편한 길이 아니어도 좋습니다.
생명의 길 영생의 길이오니
주님 십자가 바라보며 담대하게 걷게 하소서.

Poetry, and Prayer

- 일사 각오의 신앙을 꿈꾸며 111번째 시

결승선 (決勝線)

흰색으로 넓게 그려진 결승선,
저 멀리 보일 듯 말 듯
아지랑이 피어오르듯 가물가물하구나.

박수와 환호 기쁨이 있어
누구라도 가고 싶어 하는 소망의 선,
숨 가쁜 수고 없이 갈 수 없지만
그곳에 박수와 환호 기쁨이 기다리고 있다.

누구라도 가고 싶어 하지만
땀과 인내가 없으면 갈 수 없는 그곳,
승자는 박수와 환호를 받고
패자는 후회와 슬픔만 남는 그곳,
결승선에는 신기한 비밀이 있도다.

친구여 오 친구여,
영광의 면류관
환호와 기쁨이 그대를 기다리고 있다오.
숨이 차고 힘들어도 포기 말고 가시구려.
승리의 결승선까지…

주님,
믿음의 길 영생의 길 사명의 길
끝까지 가게 하소서.
힘들고 어려워도 끝까지 가게 하소서.

주님,
주님 십자가 붙들고
결승선까지 완주하게 하소서.
영광의 그 날까지!

- 완주하는 믿음을 바라며 112번째 시

여름을 보내며

계절의 여왕 봄을 따라
조용히 찾아왔던 여름
많은 이들의 기대와 희망 속에 왔던 너,
그러나,
유난히도 긴 폭염과 폭풍으로
상처만 남겼구나.

너의 일생을 다해 뜨겁게 불태웠지만
상처 입은 이들의 불평과 원망뿐이로구나.

아침과 저녁으로 불어오는 시원한 바람,
사라져 가는 매미들의 떼 창 소리,
점점 크게 들려오는 귀뚜라미 소리는
너와의 이별을 재촉하는구나.

묵묵히 할 일 다 하고 조용히 가는 너여,
드러난 상처와 흔적으로 원망도 듣지만
너의 열정과 수고를 칭찬하련다.
장하고 장하다 뜨거운 여름이여…

주님,
주님 뜻 따르며 제자의 길 걸어갈 때,
보는 이의 기대에 못 미쳐
원망과 불평의 소리를 들어도
일희일비 하지 않고 주 따르게 하소서.

주님,
주님 앞에 서는 그 날,
잘했다 칭찬 듣는 제자로 살게 하소서.
복음 위해 주님 영광 위해
주신 생명 사명으로 불태우게 하소서.

Poetry, and Prayer

- 열정의 제자를 꿈꾸며 113번째 시

가을의 문턱에서

폭염과 함께 쫓기 듯 가는 여름의
꼬리를 잡고 조용히 찾아온 가을,
아직 가을이라 부르기는 이르지만
귀뚜라미 소리 선선한 바람이
너의 왔음을 알리는구나.

해마다 찾아오는 가을이지만
해마다 다른 기대를 갖게 하니
가을 너는 신비로운 계절이로구나.

푹푹 찌듯 뜨거웠던 여름,
폭우와 폭풍으로 지루 했던 여름,
구슬땀 흘리며 수고한 농부들의 여름,
가을 너는 과연 무슨 작품을 내려는가?

가을 너에게는 결실의 소망이 있어 좋다.
한 여름의 모든 짐들을 벗겨줄
풍성한 결실의 소망이 있어 너를 기다리련다.

주님,
조용히 찾아온 가을의 문턱에서
계절을 통해 말씀하시는
주님의 세미한 음성을 듣게 하소서.

주님,
폭염과 폭풍을 지나 맺는 가을의 결실을 통해
고난과 고통을 통해 주시는
주님의 신비로운 복을 바라보게 하소서.

Poetry, and Prayer

- 가을의 문턱에서 114번째 시

Poetry, and Prayer

영혼의 단풍 4

조가늘 바람
바실래(Barzillai)
물안개(Water fog)
농심(農心)
가을에는
코스모스
초가을 비
가을 하늘
해바라기
고향 가는 사람들
땅거미(Dusk)
알밤
솔로몬
산 울림
갈대
낙엽
단풍

초가을 바람

한 낮에는
아직도 태양 빛이 뜨거운데,
아침저녁 불어오는 시원한 바람.
너는 가을을 알리는 전령사로구나.

조용히 찾아온 초가을 바람,
눈에 보이지 않아도
넉넉한 존재감을 드러내니
너는 멋진 바람이로다.

있는 듯 없는 듯 조용하면서도,
짜증스러운 여름 더위 몰아내고
과일나무 열매 무르익게 하고,
구슬땀 흘리는 이의 시원한 생수 같으니,
너는 정녕 반가운 전령사로구나.

조용한 바람 고마운 바람,
위로의 바람 반갑고 유익한 초가을 바람,
너는 우리를 가르치는 몽학선생이로구나.

주님,
조용하면서도 존재감 드러내게 하소서.
있는 듯 없는 듯 주의 향기 드러내게 하소서.
모든 이의 기쁨 되게 하소서.

주님,
흘리는 땀 닦아주고
고통의 한 숨 덜어주고
위로와 용기 전하는 복음의 전령사로 살게 하소서.

- 초가을 바람을 묵상하며 115번째 시

바실래 (Barzillai)

하나님의 사람,
말씀의 사람 용기 충천의 왕 다윗,
왕이 되기 전에도 고난과 역경이 많더니
왕이 된 후에도 고난과 역경의 연속이구려.

생각지도 못했던 아들 입실롬의 반란,
감히 아버지의 왕권 찬탈을 위해
반란을 일으키리라 그 누가 생각이나 했겠는가?
견고했던 왕좌를 버리고
왕궁을 떠나 이곳저곳 피신해야만 했던 다윗,
평소 그를 따르고 복종했던 신하들조차
조롱하며 떠나 버린 슬픈 현실…

그를 위해 조건 없이 섬긴 사람 바실래,
혈통도 가문도 민족도 다른 길르앗 사람.

그대의 조건 없는 숭고한 섬김이
억울한 이의 눈물을 닦아주었고,
수치와 조롱에 빠진 이의 친구가 되었구려.
그대의 숭고한 섬김이 큰 빛을 발했도다.

주님,
억울하고 소외된 자의 좋은 친구 되게 하소서.
고통과 번민에 빠진 자 돕는 손 되게 하소서.
절망하며 우는 자 조건 없이 돌보게 하소서.

주님,
조건 없는 사랑과 은혜 주셨으니
필요한 이에게 조건 없이 흘려보내게 하소서.
주님 마음 닮게 하소서.

Poetry and Prayer

- 사랑과 은혜 흐르는 삶을 위하여 116번째 시

물안개 (Water fog)

살포시 내려앉아
꽃을 피우는 아름다운 물안개,
어디서 왔는지 언제 왔는지
그 자태가 신비로워 마음이 설레는구나.

새색시 꽃가마 타고 오듯
조용조용 찾아온 물안개,
잡힐 듯 잡힐 듯 잡히지 않으니
갈수록 신비로움이 더해 가는구나.

요란한 소리도 깊은 뿌리도 없으면서
조용조용 자태를 드러내는 그대여,
너의 겸손과 멋진 자태를 노래하련다.

주님,
짙은 안개 내려 물위에 자욱하듯
성령과 말씀의 은혜 부으사
충만하게 하소서.

주님,
조용한 마음 겸손한 마음 주소서.
소리 없이 복음의 향기 발하게 하시고
있는 듯 없는 듯
오직 주의 향기 드러내게 하소서.
주님의 은혜 흘러
모든 이의 기쁨 되게 하소서.

Poetry and Prayer

- 충만한 은혜의 삶을 기대하며 117번째 시

농심 (農心)

가진 것이 많든 적든 비교하지 않고
자신의 땅에 충실한
소박한 농부의 마음.

봄 여름 가을 겨울 시절 따라
실 틈 없이 재빠르게 움직이는
성실한 농부의 마음.

뜨거운 뙤약볕 아래서도 불평 없이
김매고 농약주고 구슬땀 흘리는
근면한 농부의 마음.

비 오고 바람 불고 태풍이 와도
결실을 미리 걱정 않는
견고한 농부의 마음.

보이지 않지만 누구보다 크고 위대한
그대의 마음을 노래하리라.

주님,
맡겨주신 사명이 무엇이든
그 사명에 충실하게 하소서.

주님,
모든 일의 결과도 주님께 맡기고
하루하루 충성되게 하소서.

주님,
소박한 마음과 순발력 주사
복음의 농부로 살게 하소서.

- 필리핀 클락 공항에서 118번째 시

가을에는

가을에는 파아란 하늘을 바라보리라.
구름 한 점 없는 파아란 하늘에
전능자의 미소가 있기 때문이리라.

가을에는 노오란 낙엽을 모으리라.
색 점 하나 없는 노오린 낙엽에
전능자의 숨결이 있기 때문이리라.

가을에는 누렇게 물든 들판으로 나아가리라.
풍성하게 매달린 벼들 속에
전능자의 채우심이 있기 때문이리라.

가을에는 파도치는 바다로 뛰어가리라.
거침없이 출렁이는 파도 속에
전능자의 음성이 있기 때문이리라.

가을에는 낙엽 지는 거리로 나아가리라.
약한 바람에도 우수수 떨어지는 낙엽 속에
전능자의 부르심이 있기 때문이리라.

주님,
이 가을을 통해
주님 음성 듣게 하소서.
사방에서 들려오는 주님음성 듣게 하소서.

주님,
이 가을을 통해
주님 손길 보게 하소서.
온 천지 만물 통해 보여주시는
능력의 손길 사랑의 손길 보게 하소서.

Poetry, and Prayer

- 가을을 묵상하며 119번째 시

코스모스

가느다란 허리에
무거운 꽃 머리에 이고
하늘거리며 서 있는 코스모스,
보기에도 아슬아슬
너의 모습이 가련하구나.

딱딱한 땅에 힘들게 뿌리 내리고
모둠으로 서 있는 코스모스,
보기에도 힘겨우나
파아란 하늘과 떠가는 구름이
너를 응원하고 있구나.

남다른 특이한 향기 없고
드러낼 굵은 허리 없어도
하나하나 모둠을 이루어
가을의 정취 힘껏 뿜어내니
너는 정녕 이 가을의 천사로구나.

주님,
힘들고 버거운 인생길에서
응원해 주시는 주님 바라보고
믿음으로 든든히 서게 하소서.

주님,
드러낼 것 자랑할 것 없어도
화평하고 합력하여
생명의 복음 드러내게 하소서.

– 코스모스를 바라보며 120번째 시

초가을 비

밤새 검은 구름 하늘 덮더니
가을비가 새벽부터 주룩주룩 내린다.
그칠 듯 그칠 듯 하면서도
속절없이 하루 종일 내린다.

여름인 듯 하면서도 여름 아닌 초가을에
주룩주룩 내리는 저 비는
여름을 보내기 싫어서일까
어서 빨리 겨울을 맞이하기 위해서일까.

주룩주룩 내리는 초가을 비여,
누구에게는 설레는 낭만이지만
누구에게는 슬프고 우울한 비란다.

속절없이 주룩주룩 내리는 비여,
네가 지나고 나면
설렘과 낭만을 선물할 멋진 낙엽의 계절이 오겠지.
쉬지 않고 하루 종일 내리는 비여,
네가 지나고 나면
넘치고 풍성한 추수의 계절이 오겠지.

주님,
의미 없어 보이는 일들 속에도
주님의 은혜와 축복이 흐르고
지루하게 보이는 일상 속에도
주님의 아름다운 역사(役事)가
흐르고 있음을 알게 하소서.

주님,
주님은 내 인생의 설계자요 운행자이십니다.

- 초 가을비를 생각하며 121번째 시

가을 하늘

맑고 파아란 가을 하늘,
청보석 같이 맑아
보기조차 아까우니
가을이 가기 전 너를 추억에 담으리라.

맑고 파아란 가을 하늘,
수정같이 맑아
구름조차 미끄러지듯 흘러가니
내 마음도 담아 가려무나.

맑고 파아란 가을하늘,
넓고도 높아
당장이라도 빠질 듯하니
너의 넓은 품에 빠져들고 싶구나.

주님,
청보석 같이 수정같이
맑은 영혼 부으사
주님나라 맛보며 살게 하소서.

주님,
가을하늘 같은 넓은 마음 주사
주님 마음 그리게 하시고
많은 영혼 비추게 하소서.

- 파란 가을 하늘 바라보며 122번째 시

해바라기

긴 목 높이 빼고 하늘 향해
누구를 기다리듯 하루 종일 서 있는
키다리 꽃 해바라기,
너의 그런 모습이 우습기도 하구나.

하루 종일 태양만 바라보고
팽이 돌 듯 머리 돌리며 서 있는
짝사랑 꽃 해바라기,
너의 그런 모습이 신기하기도 하구나.

이곳저곳 두리번거리지 않고
일편단심 태양 향해 시선 두고 서있는
사랑에 눈먼 꽃 해바라기,
너의 그런 모습이 애틋하고 부럽구나.

너의 이름이 기다림과 사랑인 것을
너의 모습 통해 새삼 알게 되었단다.

주님,
언제어디서나 오롯이 태양만 바라보는
해바라기처럼,
언제어디서나 주님만 바라보는
주 바라기 되게 하소서.

주님,
세상 향한 눈 가리우고
주님향한 눈 밝혀
일편단심 주님께만 시선 두게 하소서.
주님만 영원한 소망이십니다.

- 해바라기 신앙을 꿈꾸며 123번째 시

고향 가는 사람들

기나긴 폭염과 태풍으로
힘겨웠던 여름을 지나,
오곡백과 무르익은 풍성한 가을에
어김없이 찾아온 민속명절 추석.

그 누가 시킨 것도 아니고
강요한 것도 아닌데
저마다 고향 갈 마음에 들떠 있구나.

도로마다 줄지은 자동차로 가득하여
온 나라가 주차장이 되었고,
마음은 이미 고향에 가 있어도
고향 가는 길은 멀기만 하구나.

가는 길이 힘들고 고단하려만
불평하고 짜증내는 사람 하나 없으니
그 곳에 고향이 있고,
그리운 가족들과
어린 시절 추억이 있기 때문이리라.

주님,
언제나 영원한 본향 바라보게 하소서.
어디서나 영원한 본향 사모하게 하소서.

주님,
본향 가는 길이 험하고 어려워도
기쁨으로 달려가게 하소서.
그곳에 주님과 함께하는 영원한 기쁨과
영생이 있기 때문입니다.

Poetry and Prayer

- 추석 명절에 124번째 시

땅거미 (Dusk)

새벽부터
숨 가쁘게 내디뎠던 발걸음들,
경쟁이라도 하듯 이리 저리
쉴 새 없이 바빴던 하루가 끝나갈 때
조용히 찾아온 손님 땅거미.

소리도 흔적도 없이 찾아왔지민
너를 눈치 챈 사람들,
너도나도 발걸음을 재촉하누나.

해가 중천에 있을 때
아무도 너를 생각지 못했고,
너도나도 바쁜 일상에 묻혀
감히 너를 생각지 못했으리라.

땅거미 너는 모든 이의 신호수로구나.
하루 일과가 끝났음을 알리고
집으로 돌아 가야할 때가 왔음을 알리는 신호수.
조용히 소리 없이 찾아왔지만
아무도 너를 피할 수 없으니
너는 일만 군사보다 무섭고 강 하구나.

주님,
인생의 땅거미를 생각하게 하소서.
모든 것이 풍성하고 아무런 장애 없을 때에도,
바쁘고 힘든 일상에서도,
크나큰 욕망과 확신 속에서도,
그 날이 오고 있음을 알게 하소서.

주님,
인생의 땅거미는,
주님 부르심을 준비하라는 신호탄임을 감지하고
겸손하고 성실하게 준비하게 하소서.

- 석양에 드리운 땅거미를 보며 125번째 시

알밤

초여름 온 동산 진동하며
꽃을 피운 밤나무,
그 누가 너의 꽃을 꽃이라 하겠는가.
향기도 모양도 애매한 너의 모습.

바람이 불 때마다 이리저리 흔들려
노오란 가루 닐리머 띨어진 꽃들,
온 동산을 지저분하게 만드니
그 누가 너를 칭찬하겠는가.

한 여름 뙤약볕아래서 커가는
너의 모습은 온 몸에 가시뿐이러니.
그 누가 너를 반겨 주겠는가.

가을이 되어 드러낸 너의 모습.
토실토실 익어 알알이 가득 찬 알밤이 되었구나.
그 누가 이런 알밤이 되리라 생각했으랴.

보는 이의 마음을 기쁘게 하는 알밤,
줍는 이의 마음을 풍성하게 하는 알밤,
너는 모든 이를 행복하게 하는 복덩이로구나.

주님,
토실토실 무르익어 모든 이들 행복하게
하는 알밤처럼 말씀과 성령으로 충만하여
주님마음 기쁘게 해드리고,
많은 이들 행복하게 하는 복된 삶 되게 하소서.

주님,
주님 보시기 흡족한 열매 맺는 삶 되게 하소서.

- 밤 동산에서 126번째 시

솔로몬

기브온 산당에서 일천번제 드린
솔로몬에게 찾아오신 하나님,
무엇이든 원하는 것을 구하라고
특별한 은혜를 주셨도다.

왕의 직분 잘 감당할 지혜를 구한 솔로몬,
명예나 부도 구하지 않고
사명을 위해 지혜를 구하니
그대의 마음이 순수하고 참되도다.

중심을 보신 전능자께서
그대를 심히도 기뻐하셨도다.
그대의 구한 지혜뿐 아니라
구하지 않은 것까지도 넘치게 주셨으니
그대는 복된 자로다.
성전도 건축하고 왕궁도 건축했으니
그대는 전능자의 멋진 도구로다.

전능자의 은혜와 복이 강물같이 흐를 때,
그대는 불행한 사람으로 전락했구려.
어찌하여 초심을 버리고 복 주신
전능자를 떠났다는 말인가.
어찌하여 순수하고 참된 마음을 버렸는가.

주님,
모든 것이 다 주님의 은혜입니다.
높아지든 낮아지든 풍성하든 부족하든
어떤 경우라도 초심 지키게 하소서.
끝까지 잘할 수 있는 믿음 부어주소서.

주님,
오직 주님께만 마음 두고 시선 두게 하소서.

- 변절한 솔로몬을 생각하며 127번째 시

산 울림

산마다 골짜기 마다
몰래 숨어 있는 산울림.
작은 산에도 큰 산에도
있는 듯 없는 듯 살아있구나.

작으먼 작은 대로 크면 큰대로
꾸밈없이 들려주는 산울림.
너는 정겨운 친구로구나.

외로움을 달래주는 너,
기다림을 채워주는 너,
속상함을 치유하는 너,
힘차게 박수치며 응원해 주는 너,
너는 얼굴 없는 천사로구나.

산을 산답게
너를 너답게 하는 산울림이여...

주님,
주님 말씀에 정직하게 반응하고
말씀의 능력 뿜어내게 하소서.

주님,
얼굴이 없어도 모양이 없어도
성실하게 제 몫을 다하며
복음의 메아리로 살게 하소서.
슬프고 외로운 사 위로하고,
상한 자 치유하는,
복음의 메아리 되게 하소서.

Poetry, and Prayer

- 산울림을 들으며 128번째 시

갈대

긴 목 높이 빼고 어정쩡 서있는 갈대,
봄부터 보이던
새 파란 너의 모습 어디로 가고,
누굴 위해 긴 목 높이 빼고
이리저리 흔들리며 서 있는가.

센 머리카락 날리며
습지 모래밭에 외로이 서 있는 갈대,
굵고 청청한 너의 모습 어디로 가고
누굴 위해 외로이 서있는가.

센 머리카락 가득함에도 다소곳이 숙이고
부는 바람 따라 하늘하늘 서 있는 갈대,
길고 곧은 목 어디로 가고,
누굴 위해 수줍게 고개 숙였는가.

철따라 너의 모습 바뀌고 흔들거리지만
님 을 향한 너의 마음 한결 같구나.
머리부터 뿌리까지 모두 주고
모든 사람 유익하게 하는 너 갈대여,
너는 정녕 창조주의 아름다운 걸작 품이로구나.

주님,
세월이가고 모습이 달라져도
일편단심 주님향한 마음 변치 말게 하소서.

주님,
세월이가고 모습이 달라져도
정결하고 겸손한 마음 수줍듯 지키게 하소서.
우리는 주님위한 걸작 품입니다.

- 습지의 갈대를 생각하며 129번째 시

낙엽

봄부터 조용히 피어나
온 나무 초록색으로 입혔던 이파리들.
천둥번개 치며 몰아치는 소나기를 맞아도,
뜨거운 되약볕 내리쬐며 열바람 불어도,
낮이나 밤이나 강한 비바람 불어도,
고집으로 인내하며 한 여름 나더니...

어느덧 조용히 내리쬐는 가을 햇빛과
솔솔 불어오는 가을바람에
한 잎 한 잎 힘없이 떨어져 내리누나.
너의 강인 했던 고집을 내려놨다는 말인가.
너의 수명이 다 되었다는 말인가.
다가온 겨울 앞에 양보했다는 말인가.

네가 없는 나무는 외롭고 앙상하지만
네가 있어 푸르고 아름다웠고
네가 없는 나무는 외롭고 앙상하지만
땅에 떨어진 네가 있어 세상이 아름답단다.

때를 알고 자신을 비워
세상을 아름답게 하는 가을 낙엽이여...

주여,
때를 알고 비울 줄 아는 용기 주소서.
내가 죽어 세상이 아름답게 된다면
기꺼이 내려놓는 믿음의 용기 주소서.

주여,
죽어야 사는 것이 제자의 삶입니다.
십자가 바라보고 날마다 부인하게 하소서.

Poetry, and Prayer

- 떨어지는 가을 낙엽을 바라보며 130번째 시

단풍

형형색색 온 세상 물들인 단풍,
어느새 찾아온 가을의 말미에서
온 세상 진동하며 너의 기질 뿜어내누나.

울긋불긋 온 세상 물들이고
이산 저산 불타오르게 하는 단풍,
너를 기다리던 사람들,
너를 보고 너무도 행복해 하는구나.

여름 내내 푸른빛 옷 입고 숨어있더니
화려한 옷 차려입고 조용히 나타난 단풍,
이 사람 저 사람 설레게 하니
너는 이 가을 빛내는 응원자로구나.

너를 바라보는 사람들
염려 근심 몰아내고 미움 다툼 털어내니
너는 이 가을의 해결사로구나.
너를 만지고 밟는 사람들
절망과 아픔 이겨내고 새 용기 갖게 되니
너는 이 가을의 멋진 천사로구나.

너를 태워 물들인 세상에서
너도나도 추억 쌓고 시인 되누나.

주님,
미움 다툼 염려 근심 가득 찬 세상에서
복음의 옷 입어 많은 사람 치유하고
새 힘주고 용기 주는 능력의 통로 되게 하소서.

주님,
말씀과 성령으로 충만 하여
만나는 이마다 기쁨주고 추억되게 하소서.
복음의 단풍으로 살게 하소서.

- 단풍을 바라보며 131번째 시

Poetry and Prayer

5

마음의 가로등

까마귀
가루 통
엘리야
갈멜산
가을 추수
허수아비
가을 밤
까치 밥
가로등
우체통
떨어진 낙엽
늦 가을
유턴(U-turn)
부재중 전화
겨울이 오는 소리

까마귀

하나님을 떠나 우상 숭배 일삼던
흑암의 나라 이스라엘 땅,
타이르고 타이르고 또 타이르셨건만
듣는 귀 없고 깨닫는 마음 없으니
온 땅이 메마르고 곤비하여 살 수 없구나.

구름 덮듯 온 땅 덮은 가뭄과 기근,
온 땅이 메말라 짐승조차 헐떡여도
전능자의 음성인줄 아무도 모르니
안타깝고 안타깝구나.

무지하고 어리석은 백성들 위해
은혜 주시려고 보내신 전사 엘리야
그대는 시대의 무거운 짐을 대신 지었구려.
요단 동편 그릿 시냇가로 가라는
갑작스런 전능자의 말씀에 얼마나 가슴 조렸을까.

아침과 저녁 약속대로 보내신 까마귀,
너는 시대를 비추고 증거 한 말씀의 전사
엘리야를 위해 준비된 멋진 심부름꾼이로구나.

주님,
메마르고 어두운 세상
복음의 배달부로 살게 하소서.
어렵고 힘들 땐 예비 하신 까마귀도 보게 하소서.
앞서가시는 주님 믿고 복음사명 감당케 하소서.

주님은 사명 위해 땀 흘리는
전사들의 영원한 공급자 이십니다.

Poetry, and Prayer

- 엘리야의 까마귀를 생각하며 132번째 시

가루 통

온 땅이 기근으로 찌들어
사람도 짐승도 들의 식물조차 죽어갈 때
죽음의 땅 사르밧으로 가라는
전능자의 명령을 받은 엘리야.
죽음의 그늘이 짙어가는 그 땅은
엘리야도 두렵고 떨렸으리라.

그곳에 이미 준비된 여인이 있다는
전능자의 말씀이 있었으니
엘리야의 마음을 설레게 했으리라.

네 손에 있는 떡을 내게 가져오라는
엘리야의 요청을 받은 여인에게는
오직 한 움큼 가루와 병의 기름 조금 뿐,
그럼에도 불구하고 믿음으로 순종하였으니
정녕 그대는 축복의 사람이로다.

가뭄이 끝날 때까지
넉넉히 채워진 가루 통은
지체 없이 순종한 그대를 위한
전능자의 크나큰 축복의 증표라오.
오직 그대에게만 주신 넘치는 가루 통.

주님,
사르밧 여인처럼 이해 할 수 없을 때라도
지체 없이 순종하는 믿음 주소서.

주님,
작고 보잘 것 없어도 주님 원하시면
기꺼이 내어 드리는 믿음의 용기 주소서.
빈 가루 통이어도 주님 은혜로 채워 주소서.

Poetry, and Prayer

- 채워진 여인의 가루 통을 생각하며 133번째 시

엘리야

우상숭배와 불신앙으로 얼룩진
흑암의 땅 이스라엘,
여호와의 말씀은 온데간데없고
온통 죄악의 어두움뿐이로구나.

이찌하여 전능자의 은혜와 밀씀을
이렇게도 잊어버리고
흑암의 수렁에 빠졌단 말인가?

긍휼이 풍성하신 여호와,
탕자를 돌보시고 안아주시는
자비의 아버지께서 긍휼을 베푸셨으니
준비된 종 엘리야를 보내셨도다!

아버지의 사랑과 마음을 전하기 위해
특별히 뽑으신 사람 엘리야,
내 하나님이 여호와시라는 이름이 마땅하도다.

말씀이 임하실 때마다 지체 없이 순종한 엘리야,
상황을 두려워 않고 담대하게 나간 엘리야,
사람을 보지 않고 말씀대로 행한 그대여,
그대의 믿음과 순발력이
부르신 이의 마음을 기쁘게 하였구려.
그대는 어두운 시대 빛을 비춘 능력의 전사로다.

주님,
말씀에 즉시 순종하는 믿음의 순발력 주소서.
능력의 주님 바라보는 두렴 없는 용기주소서.
부르신 주님 마음 기쁘게 하는 삶 되게 하소서.
어두운 세상 능력의 엘리야로 살게 하소서.

- 믿음의 사람 엘리야를 묵상하며 134번째 시

갈멜산

갈릴리 북단에 우뚝 솟아있는
유서 깊은 갈멜 산,
하나님의 포도원이란 이름답게
푸르고 아름다워 뭇 사람들의 주목을 받누나.

푸르고 이름다워
하나님의 기쁨이 되어야할 네가
우상숭배의 터전과 발판이 되어 안타깝구나.
푸르고 아름다움이
창조주의 영광을 짓밟는 놀이터가 되었구나.

무지와 우상숭배로 가득 찬 성산(聖山),
어찌 창조주의 영광이 소멸 되었는가.
시대의 전사 엘리야를 이곳에 세우심은
무너진 단 수축하고
짓밟힌 창조주의 영광 회복하려 하셨구려.

바알과 이세벨 선지자들 무릎 꿇린 산,
백성들의 불신과 무지를 깨우쳐 준 산,
주의 종 엘리야의 영권(靈權)을 증명해 준 산,
무지와 우상숭배의 어둠 속에서도
창조주의 권능과 생명의 빛을 드러낸 산이로구나.

주님,
불의 불법 불신 부정이 가득 찬 이 세상
주님의 영광과 생명의 말씀으로 회복되게 하소서.
세우신 교회들과 백성들을 통하여
주의 영광 가득한 갈멜 산 되게 하소서.

Poetry, and Prayer - 엘리야와 갈멜 산을 묵상하며 135번째 시

가을 추수

노오란 물결 넘실대는 황금들판,
온 세상이 노란색 알곡들로 잔치하누나.
노랗게 물들어 조용히 고개 숙인 곡식들,
너는 이 가을의 반갑고 귀한 손님이로구나.

봄부터 땀 흘리며 김매고 기꾼 농부들
소쩍새 우는 여름밤에는 깊은 잠 못 자며
너를 기다렸고,
비바람 몰아치고 폭우 쏟아지는 험한 날에는
노심초사 너를 바라보며 가슴 조렸단다.

온 세상 물들이며 넉넉하게 만든 너,
아침부터 저녁까지 수고하고 땀 흘린
농부들을 위한 창조주의 큰 선물이로구나.

이 나무 저 나무 낙엽진 앙상한 나무들은
보는 이들 슬프고 쓸쓸하게 하지만
온 세상 물들인 네가 있어 풍성하단다.

주님,
말씀과 성령으로 충만하여
주님 마음 기쁘게 하는 영혼의 알곡 되게 하소서.

주님,
말씀과 성령으로 충만하여
어둡고 쓸쓸한 이 세상 풍요롭게 하소서.
피 묻은 복음의 갑옷 있고
어두운 이 세상 복음으로 붇늘이게 하소서.

- 가을 추수를 묵상하며 136번째 시

허수아비

넓은 들판 주인처럼 서 있는 허수아비,
양 팔 벌려 호령하고
무거운 모자 눌러쓰니 늠름한 장수로구나.

낮이나 밤이나 비가 오나 바람 불어도
너의 늠름한 모습 한걸 같구나.
주인의 소원 따라 거기 서 있는 너는
불평도 불만도 아무런 짜증도 없구나.

주인을 방해하는 참새 떼들
너의 모습 비웃듯 재잘 거리나
아랑곳 하지 않고 늠름히 서 있으니
너를 세운 주인 안심 하겠구나.

이 옷을 입혀도 저 옷을 입혀도
이 모자 씌워도 저 모자 씌워도
이 방향 세워도 저 방향 세워도
말없이 주인 뜻 따르며 용감한 너는
풍성한 들판 지키는 파수꾼이로구나.

주님,
세우신 곳이 어디이든 맡기신 일이 무엇이든
기쁘고 감사함으로 감당하게 하소서.

주님,
보는 이 없고 알아주는 이 없어도
오해와 조롱 받아도
주님만 바라보는 복음의 파수꾼 되게 하소서.

- 들판에 서있는 허수아비를 보고 137번째 시

가을 밤

보름달 휘영청 밝은 가을 밤
쏟아지는 달빛이 온 세상 덮으니
몸도 마음도 평안하구나.
영롱한 네 빛 아래 깊이 잠들리라.

풀벌레 떼 창 소리 우렁찬 가을 밤
어디서 나오는 소리인지 알 순 없지만
마음에 고동쳐 밀려오니 새 힘 돋누나.
너의 합창 소리 들으며 깊이 잠들리라.

귀뚜르 귀뚜르 귀뚜라미 노래하는 가을 밤
목청 높여 열창하는 너의 노래 온 세상 덮으니
온 세상이 넉넉하고 아름답게 보이누나.
너의 열띤 응원소리 들으며 깊이 잠들리라.

별똥별들 소낙비 같이 쏟아지는 가을 밤
온 하늘 가르듯 수 없이 쏟아져 내리니
어둡고 답답한 마음 시원 해 지누나.
쏟아지는 너를 바라보며 깊이 잠들리라.

주님,
가을밤은 주님 주신 평안의 축복입니다.
영롱한 달빛 풀벌레들의 떼 창 소리
귀뚜라미의 열창 쏟아지는 별똥별 통해
주님 음성 듣고 주님 평안 누리게 하소서.

주님,
평안히 잠든 가을밤 주님 꿈꾸고
멋진 내일의 새로운 비전 보게 하소서.

- 가을밤을 묵상하며 138번째 시

까치 밥

찬바람 맞으며 감나무 꼭대기에
외롭게 달려있는 빠알간 홍시 감 두어 개,
대롱대롱 달려있는 너의 모습
아슬아슬 처량하구나.

지니가던 아이들 돌팔매 던져
너를 따려 하지만 허락지 않고
대롱대롱 굳세게도 달려 있구나.
꼭대기에 말없이 높이 달려 있는 홍시 감,
너는 누구를 기다리는가.

아무도 모르게 꼭대기에 숨겨진 홍시 감
남몰래 배고픈 까치를 위해 준비한
농부의 풍성한 마음 담겨있구나.

겨우 두 어 개뿐이지만
배고픈 까치를 위한 따뜻한 마음 담겼으니
그 색깔 더욱 아름답고 빛나는구나.

주님,
가진 것이 얼마이든
외롭고 배고픈 이들과 나누는 풍성한 마음 주소서.

주님,
주는 이가 복되다 하셨으니
이웃과 나누는 따뜻한 마음 주소서.
나눔으로 진정한 행복 누리게 하소서.
주님 사랑 뿜어내게 하소서.

Poetry, and Prayer   - 감나무 꼭대기 홍시를 보고 139번째 시

가로등

길가에 외로이 서있는 가로등
밤이나 낮이나 그 자리 지키고 서 있구나.
비가 오나 눈이오나 바람 불어도
꼼짝 않고 그 자리 지키는 구나.

길가에 말없이 서있는 가로등
아무도 봐주지 않아도
한 마디 불평 없이 늠름하게 서 있구나.

밤마다 밝은 빛 뿜어내는 가로등
너의 뿜어내는 열정이 온 거리 환하게 하니
너는 모든 이의 파수 꾼 이로구나.

온 종일 지치고 고단한 발걸음
환하게 비추어 바로 걷게 하고
내일을 염려하며 방황하는 발걸음
앞길 비추어 바로 보게 하는구나.
아무도 모르게 조용히 밤을 지키는 가로등이여,
너는 어둔 세상 비추는 희망의 횃불이로구나.

주님,
혼란하고 어둔 세상 살게 하시오니
생명의 빛 비추어 어둔 세상 밝게 하소서.
낙심한 영혼 방황하는 영혼 죽어가는 영혼들에게
복음의 빛 비추어 살게 하소서.

주님,
죄 많은 이 세상 복음의 가로등 되게 하소서.
언제나 묵묵히 복음의 빛 발하게 하소서.

Poetry, and Prayer

- 가로등을 바라보며 140번째 시

우체통

투박한 옷 차려입고
외로이 길 가에 서 있는 우체통.
너의 입은 옷 너무도 빨개서
너를 보는 가슴 두근두근 하누나.

가슴 문 넓게 열고
언제나 기다리며 반겨주는 우체통,
너의 가슴 너무도 따뜻하여
너를 보는 마음 평안해지누나.

낮이나 밤이나 비가 오나 눈이오나
언제나 변함없이 서 있는 우체통.
너의 모습 언제나 한결같아
너를 찾는 마음 안심되누나.

높지도 크지도 않아
누구라도 갈 수 있는 나지막한 우체통,
슬픔도 기쁨도 하소연도 받아주니
너를 찾는 마음 기뻐하겠구나.

주님,
생명의 복음 옷 입어 보는 가슴 뛰게 하시고
따뜻한 주님마음 품어
외롭고 슬픈 영혼들 보듬게 하소서.

주님,
낮아지신 주님모습 품어 항상 겸손하게 하시고
성령으로 충만하여
뭇 영혼 품는 복음의 우체통 되게 하소서.

- 빨간 우체통을 바라보며 141번째 시

떨어진 낙엽

찬바람 맞으며 힘없이 떨어진 낙엽들,
쌩쌩했던 그 모습 어디 가고
이별하듯 한 잎 한 잎 떨어져 내렸구나.

길거리 수북하게 쌓인 낙엽들,
한때 무성한 나무숲 이루어
더위 피하는 큰 그늘 막 만들더니
이젠 힘없이 떨어져 수북 히 쌓였구나.

바람에 날려 이리저리 나뒹구는 낙엽들,
지나가는 나그네들 너를 밟아 누르지만
너는 누군가의 마음달래는 추억거리로다.
너의 수놓은 모습 장관이로구나.

나무에서 떨어져 길 잃은 낙엽들,
이 모양 저 모양 여기저기 헤매고 있지만
힘차게 너의 사명 다했으니 자랑스럽구나.

날이 갈수록 제 모습 잃어가고
두껍게 쌓여 색깔조차 사라져 가는 낙엽들,
갈수록 모양도 색깔도 희미해지지만
너를 보는 많은 이들 멋진 시인되누나.

주님,
약하면 약한 대로 누군가의 추억되게 하시고
부족하면 부족한대로 누군가의 기쁨 되게 하소서.

주님,
이 생명 다하도록
주신 사명 끝까지 감당케 하소서.

Poetry, and Prayer

- 수북 히 쌓인 낙엽을 밟으며 142번째 시

늦 가을

온 세상 물들이며 아름답게 수놓았던 가을,
찬바람 불어오자 마지막 잎사귀 떨어뜨리며
이별하듯 말없이 떠나는구나.

풍성한 추수로 온 세상 기쁘게 했던 가을,
첫서리 내리지 감격과 흥분 멀리하고
이별하듯 쓸쓸히 떠나는구나.

이사람 저사람 추억거리 만들어 준 가을,
겨울 오는 소리 들려오자
이별하듯 담담히 떠나는구나.

첫서리 맞으며 조용히 떠나는 가을이여,
많은 사람들 좋은 추억거리 만들어 주었어도
말없이 조용히 떠나니 너는 큰 그릇이로구나.

모든 칭찬과 박수 겨울에게 양보하고
조용히 떠나는 가을이여
너 때문에 행복했고 너 때문에 기뻤단다.
너는 때를 아는 모든 이의 선생이로구나.

주님,
쓰실 때 최선 다하고 모든 영광 주께 돌리게 하소서.

주님,
있는 곳에서 뭇 사람들 행복케 하고
말없이 낮은 곳으로 내려가게 하소서.
주님 마음 품어 큰 그릇으로 살게 하소서.

- 찬 서리 내리는 늦가을에 143번째 시

유턴 (U-turn)

도로 위에 매달린 유턴 표지판
비가 오나 눈이 오나 그 자리 있지만
네 곁을 지나는 수많은 사람들
관심 없어 눈길 한 번 주지 않누나.

도로 위에 덩그러니 서있는 너는
지나는 이들에게 주목받지 못하니
외롭고 귀찮은 녀석이로구나.

실수하여 다른 길로 가던 사람들,
방향 잃고 이곳저곳 헤매 이던 사람들,
너를 찾고 반기며 기뻐하며 소리치리라.
무심코 지나쳤으나 이제는,
너를 찾은 사람들 바른 길 가게 되니
너는 새 길 열어주는 소망의 열쇠로구나.
네가 있어 천만 다행이로구나.

주님,
무지하고 어리석어
불신과 불순종의 길 걸어갈 때,
보여주시는 작은 표지 하나도 무시하지 않고
바로 보고 돌이키게 하소서.

주님,
말씀과 성령으로 충만하여 민감하게 하시고
주님 세우신 유턴 표지 바로보고
새 길 가게 하소서.
유턴은 주님의 크신 은혜입니다.

- 도로 위 유턴 표시 보며 144번째 시

부재중 전화

기다리고 기다리던 전화
소리만 듣고 있다 받지 못해
부재중 전화가 되었구나.

오랜만에 걸려온 전화
받을까 말까 망설이다
부재중 전화가 되었구나.

이름도 성도 없이 걸려온 전화
누구일까 확인하다
부재중 전화가 되었구나.

부재중 전화,
너는 때를 놓친 자의 후회로구나.

주님,
주님 말씀하실 때 바로 듣게 하소서.
이것저것 망설이지 말게 하소서.

주님,
주님 음성 바로 듣고
즉시 반응하는 순발력 주소서.

주님,
주신 기회 놓치고 후회 말게 하소서.
기회는 축복입니다.

- 부재중 전화를 보며   145번째 시

겨울이 오는 소리

앙상한 나무 가지 타고 부는 찬바람
들릴 듯 말 듯 스산하게 불어오니
너는 겨울이 오는 소리로구나.

길기리 모락모락 피어오르는 군밤 굽는 연기
지나가는 행인들 낯설게 하니
너는 겨울이 오는 소리로구나.

아직도 할 일 많은데 일찍 찾아온 땅거미
집으로 향하는 발걸음 재촉하니
너는 겨울이 오는 소리로구나.

풀벌레들 떼 창 소리 사라지고
목청 높여 외치는 찹쌀떡 소리 들리는 고요한 밤
너는 겨울이 오는 소리로구나.

주님,
겨울 오는 소리 통해
세밀하신 주님 손길 보게 하소서.
여기저기 들려오는 소리 듣고
주님 오심 준비하게 하소서.

주님,
겨울 오는 소리 통해
시기를 분별하는 지혜 주시고
인생의 겨울 준비하는 순발력 주소서.

- 겨울이 오는 길목에서 146번째 시

Poetry, and Prayer

6

겨울에 마시는 생수

친구
초겨울 비
풍금
겨울 소나무
독감
담금질
김장
파도
아버지의 군불
팽이
흰 눈
2023년을 보내며

친구

어느 날 갑자기 불어 닥친 고난의 바람
너무도 세차게 불어와 황망하구려.
보배로운 아들딸들 모두 잃고
수많은 가축들 바람같이 사라졌구려.

동방의 의인 동방의 부자
전능자께 인정받고 귀하게 여김 받은 욥.
아내마저 등지고 그대를 멀리 떠나갔구려.

어느 날 갑자기 찾아온 고난의 바람이
그대의 온 몸 끔찍한 상처로 휘감았고
따르고 존중하고 도움 받던 이들까지도
그대를 떠나 조롱 자가 되었구려.

인정받고 존경받던 그대여
이제는 조롱과 비난의 대상이 되었구려.
이런 날이 오리라 그 누가 생각이나 했겠는가?

감당할 수 없는 고통 속에서 신음하는 욥,
위로하기 위해 멀리서 찾아온 친구들
위로와 소망을 기대했지만
교훈과 책망과 정죄뿐이니 백해무익하구나.

주님,
고통 받고 한숨짓는 이의 친구 되게 하소서.
따지고 정죄하기보다 이해하고 위로하게 하소서.
주님 마음 품어 좋은 친구 되게 하소서.

주님,
고통과 신음소리 듣는 사랑의 마음 주소서.
주님의 사랑으로 감싸는 좋은 친구 되게 하소서.
주님의 사랑이 치유의 능력입니다.

- 욥의 친구들을 생각하며 147번째 시

초겨울 비

이른 아침부터 스산하게 내리는 초겨울 비
앙상하게 대롱대롱 매달린 남은 낙엽들
힘없이 떨어져 내리게 하니
너를 맞는 이들 마음 더욱 스산해지누나.

찬바람 몰고 와 추적추적 내리는 초겨울 비
귓가에 스치는 바람소리에
차가움이 두 배 세 배 더해가니
너는 맞는 이들 마음 더욱 차가와지누나.

소리 없이 숨죽여 내리는 초겨울 비
지나가는 사람들 너를 피해 가지만
옷소매 타고 소리 없이 스며드니
너를 맞는 이들 마음 더욱 외로워지누나.

하루 종일 쉬지 않고 내리는 초겨울 비
그칠 듯 그칠 듯 쉬지 않고 내리니
너를 맞는 이들 한숨 더욱 길어지누나.

주님,
한 해가 저물어가는 연말이 오면
남모르게 외로움과 고통 속에 한숨짓는 이들
많아집니다.
고통과 한숨 몰아낼 사랑의 바람개비 되게 하소서.

주님,
모두가 들떠 있는 연말연시에
남모르게 눈물 흘릴 소외된 이들 감싸줄
사랑의 목도리 되게 하소서.
주님 사랑 녹여 내어 어둔 세상 밝히게 하소서.

- 내리는 초겨울 비를 바라보며 148번째 시

풍금

시골학교 작은 교실 한 구석에
덩그러니 놓여있는 풍금,
선생님의 손길이 닿을 때마다
아름다운 소리 내니 마술같이 신기하구나.

낡고 두박한 풍금,
너의 모습 흠모할 곳 없는데
어디서 그런 아름다운 소리 나오는가.

낡고 보잘 것 없는 풍금,
너의 모습 대단치 못한데
선생님 손길 따라
아름다운 소리 뿜어내니 너는 대견하구나.

스스로 소리 내지 못하나
선생님 손길 따라 소리 내는 너 풍금이여
너의 소리 듣고 노래배우고
너의 소리 듣고 노래 부르고
너의 소리 듣고 멋진 추억 쌓는단다.

주님,
아무것도 할 수 없고 드러낼 것 없으나
말씀과 성령으로 채워 주사
복음향기 뿜어내게 하소서.

주님,
아이같이 약하나 순종하는 마음주사
주님마음 담아내고
주님 뜻 이루게 하소서.
순종이 생명이고 능력입니다.

Poetry, and Prayer

- 시골학교 풍금을 추억하며 149번째 시

겨울 소나무

찬바람 쌩쌩 불어
온 세상 얼어붙는 한 겨울에
언제나 변함없이 늠름히 서 있는 겨울 소나무.
겨울엔 네가 있어 든든하단다.

함박눈 펑펑 내려
온 세상 뒤 덮은 산 중턱에
아랑곳하지 않고 굳세게 서 있는 겨울 소나무.
겨울엔 네가 있어 안심된단다.

모든 낙엽 떨쳐내고
가지만 남아있는 앙상한 겨울에
낯 빛 하나 변치 않고 조용히 서 있는 겨울 소나무.
겨울엔 네가 있어 평안하단다.

온 세상 얼어붙어 추운 겨울을
조용히 자리 지켜 안심 주는 소나무여,
앙상한 가지에 찬바람불어 외롭고 쓸쓸한 겨울을
너의 모습 굳게 지켜 추억 주는 소나무여,
겨울엔 네가 있어 행복하단다.

주님,
복음으로 옷 입어
어둡고 혼돈된 세상 생명의 빛 비추게 하소서.
믿음의 중심 굳게 지켜
외롭고 쓸쓸한 이의 버팀목 되게 하소서.

주님,
은혜와 성령으로 충만한 주의 제자 되게 하사
얼어붙은 세상 녹여내게 하소서.
있는 곳에서 누군가의 기쁨 되게 하소서.

- 푸른 겨울 소나무를 묵상하며 150번째 시

독감

여기 콜록 저기 콜록 콜록콜록
온 동네 콜록 소리 가득하니
독감 앓는 이들 합창과도 같구나.

이 병원 저 병원 문전성시 이루게 하는
겨울의 불청객 독감
기침 고열 몸살로 많은 이들 힘들게 하는구나.

누구도 예외 없이 찾아오는 독감
피할 수도 막을 수도 없는 너는
이 겨울 두렵게 하는 불청객이로구나.

네가 무서워 더욱 조심하고
너를 피하려 이 것 저 것 대비하니
너는 미리 준비시키는 전령이로구나.

네가 주는 고통과 두려움이 크지만
너를 지나고 나면 이전보다 더욱 강해지니
너는 강하게 단련하는 교관이로구나.

주님,
누구에게나 찾아오는 영혼의 독감 고난이
두렵고 고통스럽게 하지만
고난 통하여 더욱 성숙하고 단련되니
주님 보내신 선한 교관으로 여기게 하소서.

주님,
예상치 못한 영혼의 독감으로 고통스럽지만
주님 만날 시간 준비 하게하니
주님 주신 소중한 선물로 여기게 하소서.

- 영혼의 독감을 생각하며 151번째 시

담금질

한 참 바쁘게 쓰일 시기에
제 구실 못하고 여기저기 버려진
낡고 휘어진 호미 한 발 빠진 쇠스랑
제 구실 못하니 애물단지 되었구나.

이 모양 저 모양 뽐내며
주인 손에 붙들려 귀하게 쓰일 시기에
녹슬고 날 무뎌져 제 기능 못하니
여기저기 버려진 쓰레기 되었구나.

다행히도 너를 찾는 이 있으니
대장간 대장장이로다.
어떻게 꼬부라지고 부러졌든
어떻게 낡고 녹슬었든 상관치 않으니
너는 천만 다행이로구나.

활활 타는 뜨거운 풀무불과 차가운 물속
드나든 너는 어느덧 새 모습 되었구나.
이제 누가 너를 애물단지 쓰레기라 하겠는가.
대장장이 담금질이 너를 새롭게 하였구나.

주님,
약하고 깨지고 녹슬 듯 실수투성이지만
이 모습 이대로 불러 주시고
쓸 만한 새 그릇으로 빚어주시니 감사합니다.

주님,
나그네 같은 인생 여정 크고 작은 문제들이
심신을 힘들게 하지만 영혼의 담금질 통해
존귀케 하시는 주님 바라보고 신뢰하게 하소서.
주님은 멋지신 영혼의 대장장이십니다.

Poetry and Prayer

- 대장간의 담금질을 생각하며 152번째 시

김장

앞집 뒷집 마당마다
수북 히 쌓인 푸르고 통통한 배추
한 겹 한 겹 겹겹이 충실하니
이 때를 위해 준비되었구나.

집집마다 옹기종기 모여앉아
배추 씻고 파 다듬고 마늘 까며
하하 호호 웃음 꽃 피었구나.

한 잎 한 잎 뒤 집고 살펴가며
준비된 양념 알차게 발라 넣으니
손맛 들어간 김치 보기만도 군침 도누나.

아침부터 저녁까지 고되고 고되지만
엄동설한 긴긴 겨울 온 가족 맛있게 먹을
넉넉한 김치 준비되고
온 가족 하나 되니 특별 잔치로구나.

주님,
해마다 오는 연중 김장철 주심을 감사합니다.
김장 통해 온 가족 하나 되고
같은 맛 같은 마음 누리니 주님 은혜입니다.

주님,
배추 무 파 마늘 부추 함께 모여
맛있는 김치 맛내듯 주신 은혜 함께 모여
멋진 사랑의 가정 공동체 이루게 하소서.
성도 이름도 고향도 각각 다르지만
주의 사랑으로 하나 되어
성령님 일하시는 건강한 교회 공동체 이루게 하소서.

- 김장하는 모습을 보고 153번째 시

파도

만선의 꿈 싣고 길 떠난 항해자
망망대해라도 그 꿈 이루기를 소망하며
꿈 따라 물결 따라 잘도 가누나.

만선의 꿈 실은 육중한 배
힝해자 뜻대로 비단 결같이 푸른
바다 위를 얼음판 미끄러지듯 잘도 가누나.

오늘이나 내일이나 그 꿈 이루고
기쁨과 행복으로 돌아오길 바라는 항해자
그 꿈 그 마음 물결치듯 넘실대누나.

예고 없이 불어 닥친 무서운 파도
비단결 같던 그 모습 어디로 가고
우는 사자같이 달려드니 당황스럽겠구려.
몸조차 가눌 수 없는 무서운 바다위에서
대책 없이 불어대며 밀어 붙이니
항해자의 그 큰 꿈 어디로 갔단 말인가.

우는 사자같이 달려드는 풍랑과 싸우며
꿈조차 흔들리는 항해자여.
낙심하지 말고 포기 말고 끝까지 싸우구려.
파도는 곧 지나가고 배는 더 멀리 간다오.
거친 파도 가고나면 만선의 꿈 이룬다오.

주님,
성난 파도같이 밀려오는 고난과 위기 앞에서
힘들고 어렵고 낙심될 때에도
포기하지 않는 믿음의 용기 주소서.
풍랑 인해 주님께 더 가까이 가게 하소서.
풍랑은 축복의 신호임을 보게 하소서.

- 거친 파도 가르는 배를 생각하며 154번째 시

아버지의 군불

찬바람 쌩쌩 불고
온 땅 얼어붙는 추운 겨울엔
아버지의 군불이 생각난다.

온 식구들 곤히 잠든 새벽 조용히 일어나
시꺼먼 재 기득한 어설픈 이궁이 앞에
쭈그리고 앉아 군불 때시던 아버지.

청솔가지 가득 채워 불을 지피면
온 집안 연기 가득차고 매캐한 냄새 진동하지만
구들장 열기 오르고 아랫목 따뜻해지니
온 가족 단잠 자고 새날 꿈꾸던
이것이 아버지의 행복이었으리라.

큰 집도 그럴싸한 가구도
멋들어진 침구도 값비싼 고기반찬도 없었지만
새벽마다 군불 때고 가족들 단잠자게 했던
그 시간이 아버지의 행복한 시간이었으리라.

함박눈 펑펑 내리고 칼바람 몰아쳐도
쉴 날 없이 산에 올라 군불 땔 나무
한 지개 가득 져 오신 아버지의 마음은
가족들을 향한 불타는 사랑이었으리라.

주님,
말없이 헌신하여 모든 사람 행복하게 하는
아버지의 마음 품게 하소서.

주님,
이웃 위한 섬김의 시간을 기쁨으로 여기며
행복한 이웃 바라보며 주님사랑 보게 하소서.

- 아버지의 군불을 추억하며 155번째 시

팽이

돌 고 돌 고 또 돌아
중심 잡는 얼음판 위 춤꾼,
얼음판 위에서 춤추며 도는 것이
지치고 힘들지만 돌아야 팽이라지.

힘차게 돌고 돌며 중심 잡아도
매 채 맞지 않으면 금 새 서버리는 팽이
너는 청개구리인가 철부지인가.

뒤뚱뒤뚱 비틀비틀
멈출 듯 넘어질 듯 힘겹게 돌아가는 팽이
주인의 매 채 기다리듯 뒤뚱거리니
너는 맞아야 잘도 도는구나.

주인의 매 채 맞을수록 힘차게 돌며
얼음판 위 아름답게 수놓는 팽이여
너의 진심 가르쳐 다오.

주여,
주 뜻대로 말씀대로
순종하며 사는 길이 어렵고 힘들어도
자원하는 마음 주사 기쁨으로 주 따르게 하소서.

주여,
어리석고 무지하여 멈춰 서려 할 때
성령의 음성 듣고 바로 걷게 하소서.
상하고 아파도 순종하는 마음주사
바로 서게 하소서.

Poetry, and Prayer

- 얼음판 위 팽이 추억하며 156번째 시

흰 눈

하늘이 밤처럼 어둑 껌껌하더니
흰 눈이 쉴 새 없이 펄펄 내리고
어느 새 온 세상 하얀 도화지 되었구나.

소리 없이 펄펄 내리는 흰 눈은
연 날리고 팽이치고 제기차고 썰매 타던
어린 시절 추억 속으로 끌어가는구나.

쉴 새 없이 펄펄 내리는 흰 눈은
꽁꽁 얼어버린 삭막한 겨울에
눈꽃 보게 하여 넉넉한 마음 갖게 하는구나.

동화처럼 펄펄 내리는 흰 눈은
어린아이 같이 설레는 마음 주고
하얀 세상 바라보며 동화 속 주인공 되게 하누나.

온 세상 수북이 쌓인 흰 눈은
지나온 발자국 지우고 새 길 걸으며
새로운 미래 꿈꾸게 하는구나.

주여,
온 세상 꽁꽁 언 삭막한 겨울에
흰 눈꽃 보게 하시니 감사합니다.
사랑이 싸늘하게 식어가는 세상에서
복음으로 사랑의 꽃 피우게 하소서.

주여,
수북이 쌓인 눈으로 지나 온 발자국 덮듯
풍성하신 은혜로 지나온 과거 덮으시고
주님과 함께 새 길 걷게 하소서.
천국 가는 그날 까지...

- 흰 눈 내리는 성탄절에 157번째 시

2023년을 보내며

기대와 설렘으로 출발했던 2023년
하루하루 기대하고 다짐하며 걸어온 나날들

일 년 삼백 육십오일 뒤 돌아보니
하루하루 주님 함께 하신 시간들이었습니다.

기도하고 응답 없어 낙심할 때
그것은 인내하라는 주님의 음성이었습니다.

모든 길 가로막혀 먼 산 바라보며 한숨 쉴 때
그 때는 믿음으로 잠잠히 주님만 바라보고
더욱 겸손 하라는 침묵의 시간이었습니다.

미움과 갈등이 불같이 일어날 때
그 때는 원수도 사랑하라는 주의 말씀
경험하는 경건의 훈련 시간이었습니다.

육신이 병들어 힘들고 고통스러울 때
그 때는 날 위해 십자가 지신
주님의 고난 경험하고 낮아지는 시간이었습니다.

무지하고 나약하여 실수하고 흔들릴 때
그 때는 약한 자 강하게 하시는
주님의 세밀하신 손길 목도하는 시간이었습니다.

드린 기도 응답되고 모든 일 형통할 때
그 때는 주님 은혜 송축하고 감사하라는
겸손의 훈련 시간이었습니다.

2023년 지나온 나날들 뒤 돌아보니
하루하루 주님 함께 하신 행복한 시간들이었습니다.
보이지 않아도 주님은 언제나 거기 계셨습니다.
주신 은혜 감사하며 2023년 문을 닫습니다.

- 2023년 송구영신에 158번째 시

Poetry, and Prayer

시, 그리고 기도 - Poetry, and Prayer

靈川영천 김 덕 겸 두 번째 시집

01 담을 넘는 축복

모세의 지팡이	016
대한민국	018
쉼표(셀라)	020
나그네	024
자격	026
주심(主審)	028
착각(錯角)	030
갈등(葛藤)	032
자아갈등(自我葛藤)	034
너는	036
담을 넘는 축복	038
나이테	040
여백(餘白)	042
유월(六月)을 보내며	044
보게 하소서	046

02 예비된 엘림

엔학고레	050
그 날에	052
돌담	054
여호와 라빠	056
흐르게 하소서	058
만남	060
그릇	062
지연(遲延)	064
성령의 불	066
마라(Marah)	068
안나(Anna)	070
시인(詩人)이 되세요	072
폭염(暴炎)	074
엘림(Elim)	076

03 비포장도로

먼저	080
매미	082
수가성 우물가	084
태풍(颱風)	086
모래시계	088
모래 성(城)	090
명품(名品)	092
이삭(Isaac)	094
또 한 면(Other side)	096
여전히(如前히, still)	098
화목(和睦)	100
비포장도로	102
결승선(決勝線)	104
여름을 보내며	106
가을의 문턱에서	108

04 영혼의 단풍

초가을 바람	112
바실래(Barzillai)	114
물안개(Water fog)	116
농심(農心)	118
가을에는	120
코스모스	122
초가을 비	124
가을 하늘	126
해바라기	128
고향 가는 사람들	130
땅거미(Dusk)	132
알밤	134
솔로몬	136
산 울림	138
갈대	140
낙엽	142
단풍	144

05 마음의 가로등

까마귀	148
가루 통	150
엘리야	152
갈멜산	154
가을 추수	156
허수아비	158
가을 밤	160
까치 밥	162
가로등	164
우체통	166
떨어진 낙엽	168
늦 가을	170
유턴(U-turn)	172
부재중 전화	174
겨울이 오는 소리	176

06 겨울에 마시는 생수

친구	180
초겨울 비	182
풍금	184
겨울 소나무	186
독감	188
담금질	190
김장	192
파도	194
아버지 군불	196
팽이	198
흰 눈	200
2023년을 보내며	202

靈川영천   김 덕 겸

충남 청양 출생
사랑장로교회(예장대신)담임
서울한영대학교 경영 부총장 역임
서울한영대학교 통역대학원 교수 및 원장역임
서울한영대학교 국제대학원장
캄보디아 씨엠립 바이블 아카데미 이사장
필리핀 선교신학대학 총장
세계외국인신학교 설립자
다문화복음방송 대표
사) 한국세계선교협의회(KWMA) 운영이사